BATMAN
THE KILLING JOKE
THE DELUXE EDITION
文倫・摩爾 作者
布萊恩・伯蘭 繪者
布萊恩・伯蘭 上色
理查德・史塔金斯 文字設計
布萊恩・伯蘭 封面繪者
蝙蝠俠由 鮑勃・凱恩 與 比爾・芬格 創作

執筆 艾倫·摩爾 ALAN MOORE
作畫 布萊恩·伯蘭 BRIAN BOLLAND
上色 布萊恩·伯蘭 BRIAN BOLLAND

譯者 劉維人
社長 陳蕙慧
副總編輯 戴偉傑
責任編輯 何冠龍
行銷 陳雅雯、尹子麟、汪佳穎
封面設計 兒日設計
內頁排版 任宥騰
校對 李鳳珠
印刷 呈靖彩藝
讀書共和國出版集團社長 郭重興

發行人兼出版總監 曾大福
出版 木馬文化事業股份有限公司
地址 231 新北市新店區民權路108-4號8樓
電話 (02)2218-1417
EMAIL SERVICE@BOOKREP.COM.TW
郵撥帳號 19588272 木馬文化事業股份有限公司
客服專線 0800-221-029
法律顧問 華洋國際專利商標事務所 蘇文生律師
初版一刷 2022年03月PRINT IN TAIWAN
定價 600元
ISBN 978-626-314-127-8

CONTENTS

INTRODUCTION
TIM SALE

你問我，手上這東西多酷？

無論是那些一九八〇年代在主流漫畫界混的人，或者像我一樣日復一日呆呆地畫同樣東西的人，一定都對《黑暗騎士歸來》、《守護者》、《蝙蝠俠元年》、《蝙蝠俠：致命玩笑》印象深刻，因為這些作品一本接一本蹦出來，從此改變了整個產業。這些作品的角色都是誕生了幾十年的老叩叩（對啦，《守護者》例外），而且已經有一大堆才華洋溢的作家跟漫畫家累積了一整疊的傑作，可是法蘭克・米勒（Frank Miller），還有艾倫・摩爾（Alan Moore）、布萊恩・伯蘭（Brian Bolland）、約翰・希金斯（John Higgins）、理查德・史塔金斯（Richard Starkings）以及戴夫・吉本斯（Dave Gibbons）這群英國瘋子，還是有辦法把整個題材搞到讓人完全耳目一新。這些人在既有的題材裡看見全新的故事，所以當然也用全新的方法把那些故事說出來。這些作品幾乎都用另一種形式呈現：用連續好幾集的漫畫一層一層把故事開展出來，最後變成一部選集。不同作品的呈現方式都不一樣，所以最後大家乾脆用一個包山包海的詞，把這些東西統稱叫做「圖像小說」。不過還是有例外：《致命玩笑》在一開始沿用了既有的漫畫形式。

《蝙蝠俠：致命玩笑》只有46頁。當時我還不知道它有多厲害，但我現在會說，這部作品本身技藝極高，印製得極為清晰細緻，整部成品完全超越了當時的水準，讓它厲害到不只是一部偉大的《蝙蝠俠》，而是另一種層次的東西。

真正的高手，就是可以讓舊的東西看起來比新的還新。而且真正的高手，總是會厲害到讓你毛骨悚然。聽說《致命玩笑》最早的構想，是摩爾跟伯蘭在規劃蝙蝠俠與超時空戰警跨界連動時聊天的提議。大局底定之後，摩爾問伯蘭還想玩些什麼，伯蘭說：「好啊，那就麻煩你去請小丑過來。」

「去請小丑過來」，還真有禮貌。總之呢，一部經典就此誕生。

摩爾有很多著名事蹟，其中一個特色就是他的劇本往往設計得極為精巧，完全不能更動，漫畫家得付出一樣多的力氣才能跟上，不過偏偏布萊恩・伯蘭就是一個跟摩爾同樣用心、一樣狂、技巧一樣有魅力的天才。他們兩個都有辦法把最平凡的元素，渲染到一點也不平凡，然後突然爆出一場超華麗的高潮，把讀者嚇到瞠目結舌，然後才發現不久之前的沉悶全都是作者設計好的陷阱。

《致命玩笑》就是好例子：第11頁小丑出場，第18頁演出悲劇，然後到了第39頁小丑再次正面出場，整個節奏都精巧到環環相扣，精巧到你翻回前面才會發現，作者打從一開始就把所有元素都設計好了。這些每一步都知道自己在做什麼的作者，創造出來的東西總是讓人大呼過癮。

當然，結局那個笑話更酷。光是整部作品用笑話結束就已經夠狂了，更不用說這個笑話很好笑，而且完全符合蝙蝠俠跟小丑的設定。那是絕品。不過你們手上的這本書跟我的又不一樣。這部作品之所以會在一九八八年讓我跟成千上萬的人如癡如醉，原因之一就是上色。

伯蘭的著色方式非常有名，他總是深思熟慮之後給予內斂的色彩。希金斯在一九八八年的著色已經是當時最棒的了，但伯蘭的著色又比他更適合這部作品，而且很有意思。你仔細看就會發現，這個版本的顏色比一九八八年的更冷，更適合這個陰鬱的故事，而且在芭芭拉那頁的襯衫，他保留了一九八八年的亮黃色，於是襯衫跟場景的對比就更強烈，第一時間抓到讀者目光，讓整場戲顯得更恐怖。

你們這些當代讀者真的很幸福，這個版本是由漫畫家自己上色，眼前的一切都是他對故事的整體詮釋。只要把兩個版本放在一起，就知道差異有多大。而且這還不是最厲害的，差異最大的地方是回憶的那幾頁。

伯蘭把回憶場景變成黑白的，但卻把每個鏡頭裡的焦點：蝦子、整碗的觸手之類，都塗成比原本更鮮艷的紅色。小丑的各種身世裡面最常被忘記的版本，就是可以追溯到一九五一年的紅頭罩，而伯蘭這次的處理方式，讓你一定會注意到這些元素打從一開始就是設計好的，因為每一個都在提醒你那個紅頭罩，提醒你那個失敗的搞笑藝人是怎麼變成瘋狂的犯罪大師。

呼，酷到讓人全身發冷！

所以，你問我這部作品有多酷？

提姆・賽爾《蝙蝠俠：漫長的萬聖節》繪者
加州，帕沙第納，2008年

阿卡漢
療養院
收容精神
失常罪犯
POL

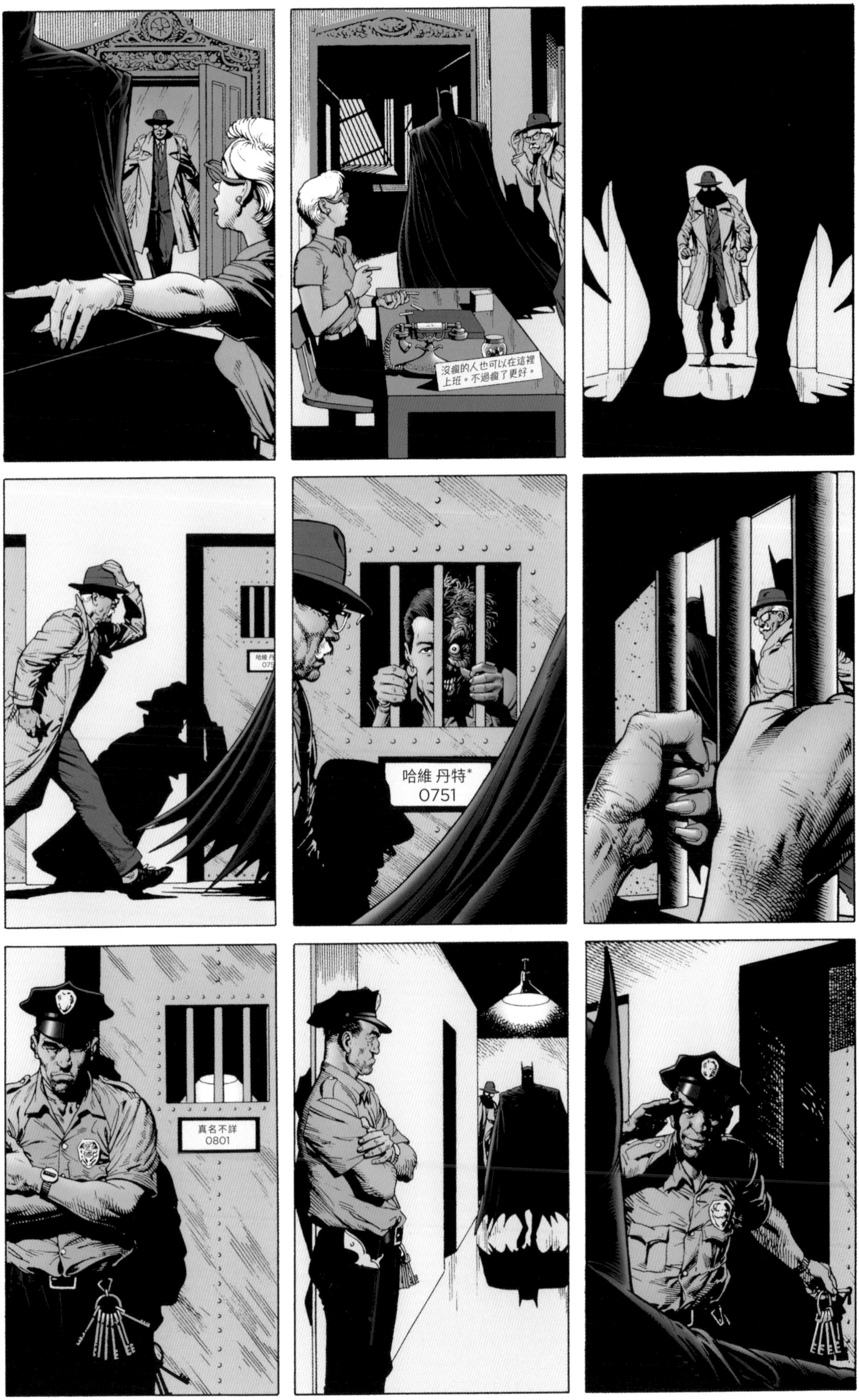
沒瘋的人也可以在這裡上班。不過瘋了更好。
哈維 丹特*
0751
真名不詳
0801

*雙面人

從前從前，
有兩個人被關在瘋人院……
FNAP啪

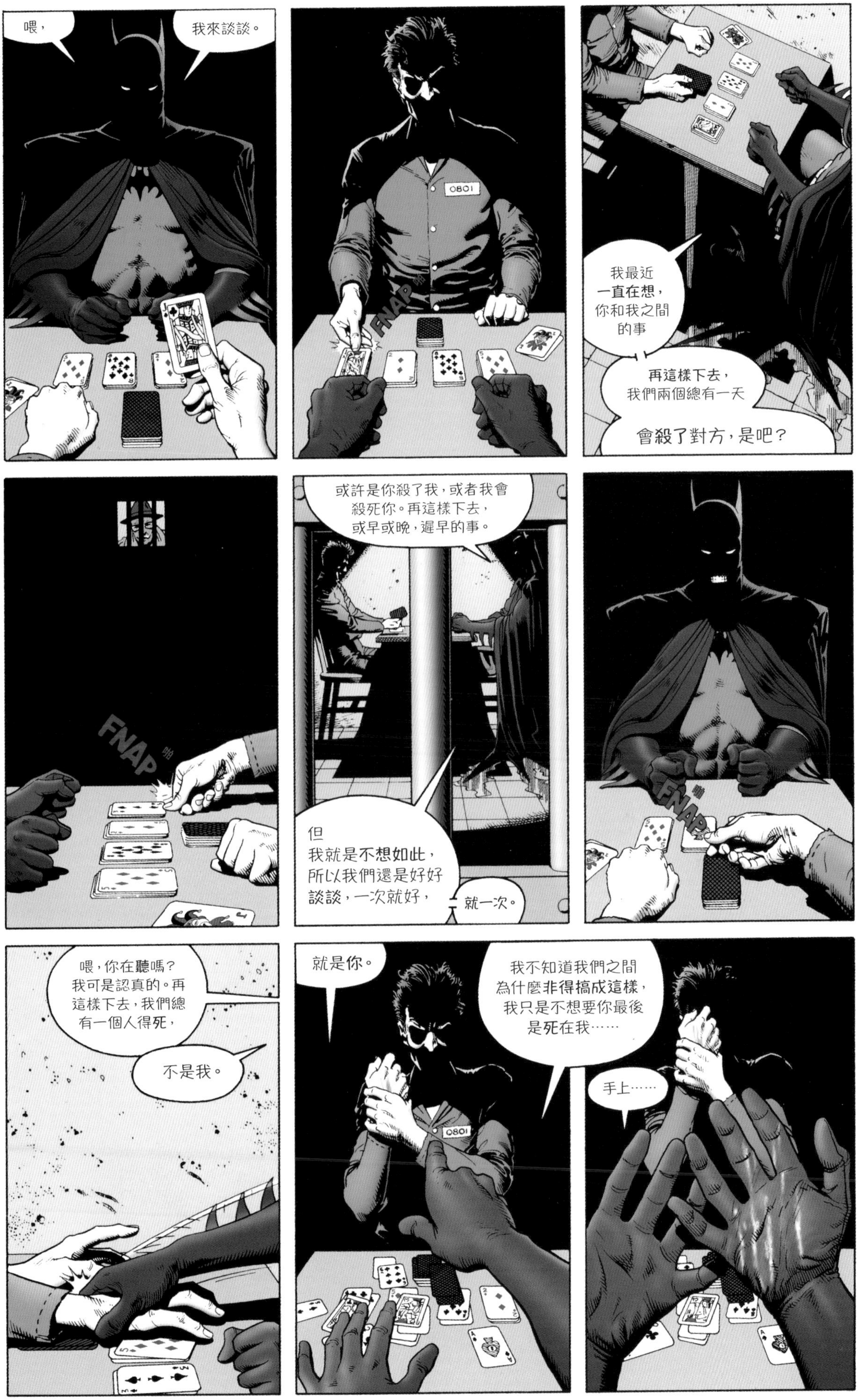
喂，
我來談談。
FNAP 啪
我最近一直在想，你和我之間的事
再這樣下去，我們兩個總有一天
會殺了對方，是吧？
FNAP 啪
或許是你殺了我，或者我會殺死你。再這樣下去，或早或晚，遲早的事。
但
我就是不想如此，所以我們還是好好談談，一次就好，
就一次。
FNAP 啪
喂，你在聽嗎？我可是認真的。再這樣下去，我們總有一個人得死，
不是我。
就是你。
我不知道我們之間為什麼非得搞成這樣，我只是不想要你最後是死在我……
手上……

喂……
喂！
喂！等一下！手走開！
你侵犯我的人權了，
你不可以……
碰我……
他在哪裡？
啊啊啊啊！
救命啊！不要……
你幹了什麼好事？你知道你放走了什麼嗎？快點說，他在哪裡？
啊啊啊啊啊！
把他抓走啊！
幹，他又失控了，開門！
喂，住手！
你知道法律禁止虐待罪犯！
你再動他一根寒毛，我就……
局長，你要問的話，就讓你慢慢問吧……
你哭也好鬧也好，
我只問最後一次

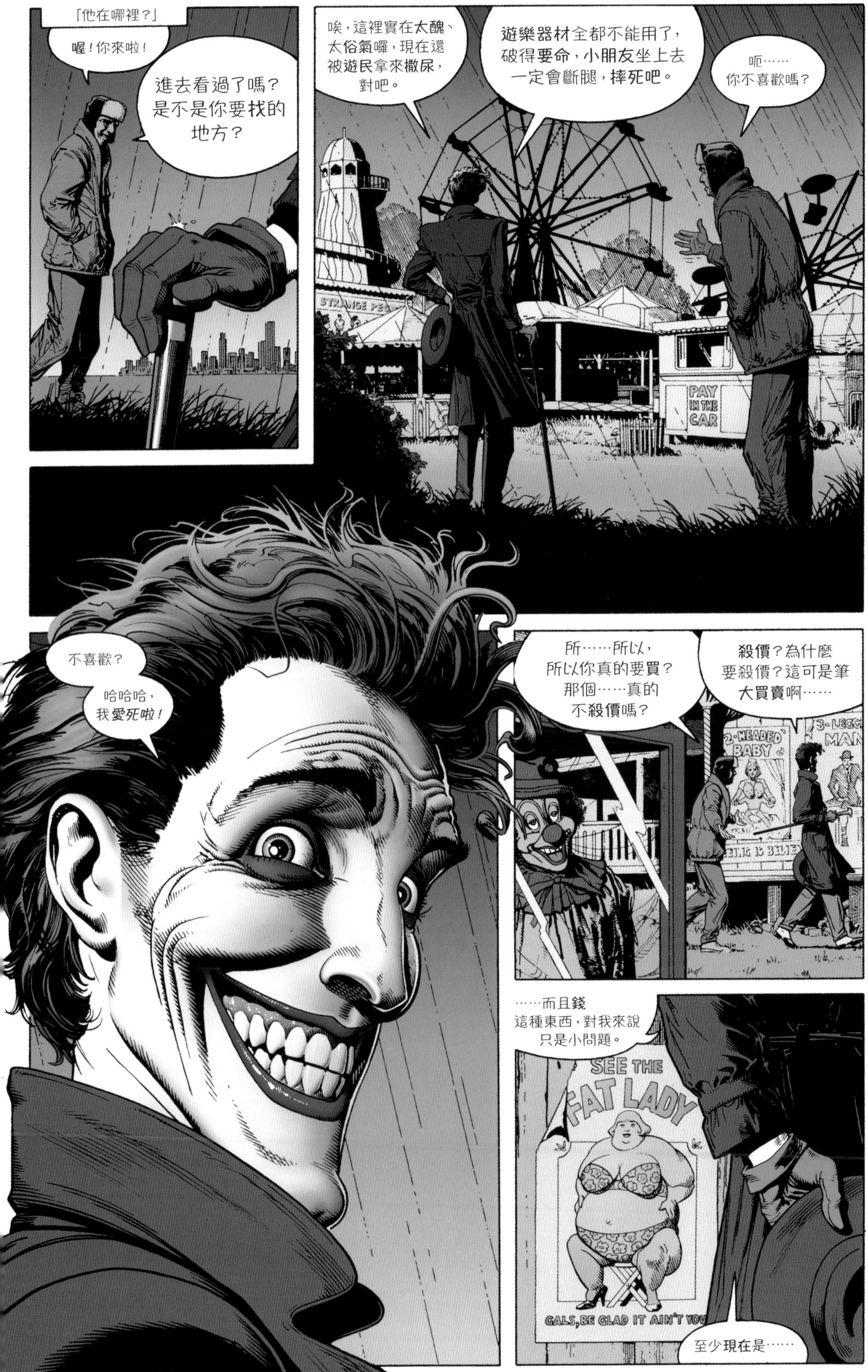

＊畫面左邊的字：怪咖。畫面右邊的字：上車付款

＊海報上的字：雙頭嬰、三腿男、眼見為憑

＊海報上的字：肥女士。女孩們，還好這不是你

怎麼樣？
順利嗎？他們喜歡嗎？
嗯……我不知道……他們說有消息就通知我。
我……我太緊張了，有個笑點搞砸了……
喔，好吧
「好吧」是什麼意思！
沒……沒什麼意思啊。
有！就是有什麼意思！你那什麼口氣！
天啊？我真的沒有……
有，就是有！你想說的才不是「好吧」，你想說「你怎麼連一個工作都找不到？」
你想說「這樣小孩的奶粉錢在？」
幹！你以為我都沒在想嗎？你以為我把這些都當開玩笑？……
所以我就得一個人站在那裡？底下的人笑都不笑，然後回家就被你說，被你說……
啊！對、
親愛的……
對不起……

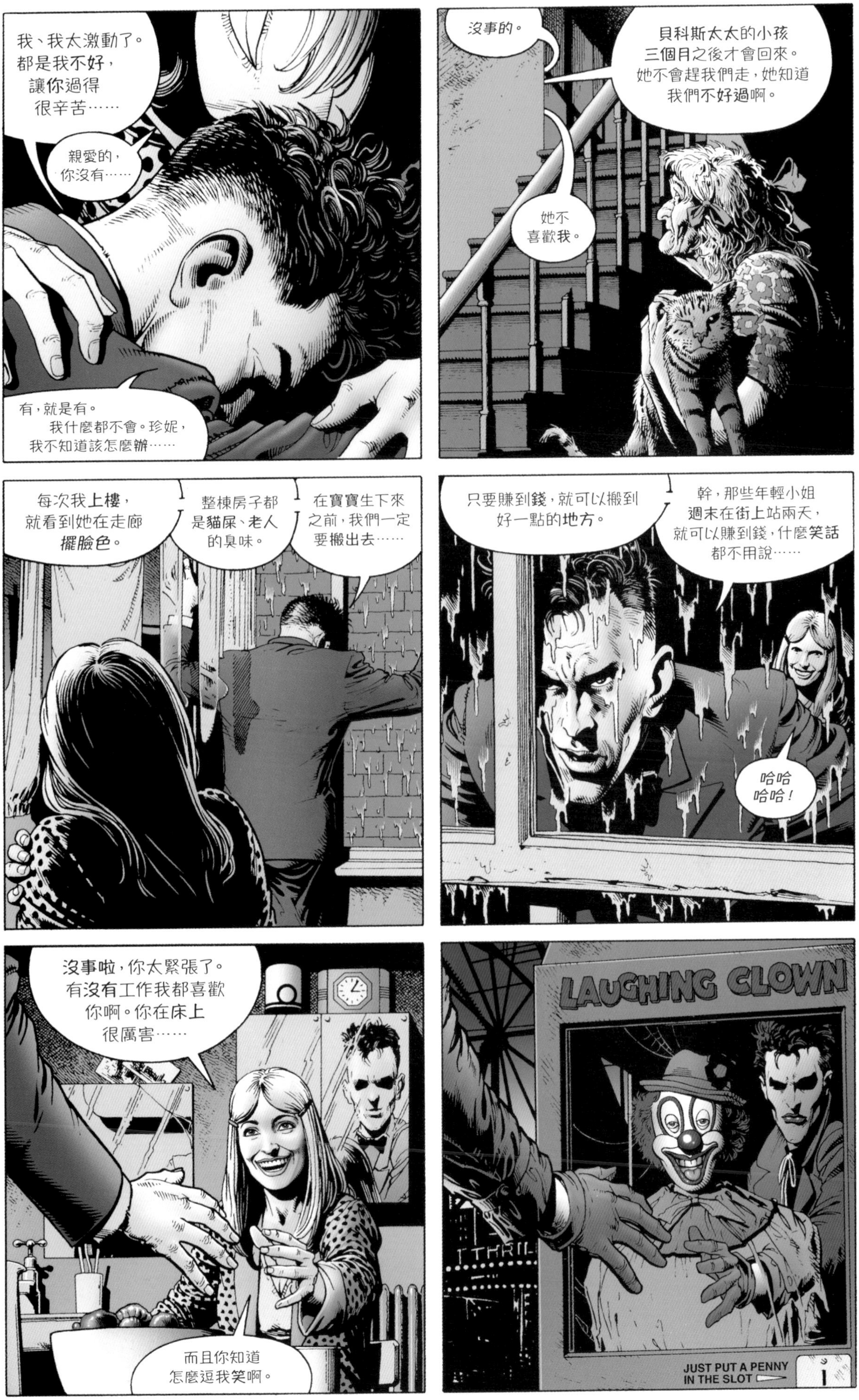
我、我太激動了。都是我不好，讓你過得很辛苦……
親愛的，你沒有……
有，就是有。我什麼都不會。珍妮，我不知道該怎麼辦……
沒事的。
貝科斯太太的小孩三個月之後才會回來。她不會趕我們走，她知道我們不好過啊。
她不喜歡我。
每次我上樓，就看到她在走廊擺臉色。
整棟房子都是貓屎、老人的臭味。
在寶寶生下來之前，我們一定要搬出去……
只要賺到錢，就可以搬到好一點的地方。
幹，那些年輕小姐週末在街上站兩天，就可以賺到錢，什麼笑話都不用說……
哈哈哈哈！
沒事啦，你太緊張了。有沒有工作我都喜歡你啊。你在床上很厲害……
而且你知道怎麼逗我笑啊。
LAUGHING CLOWN
JUST PUT A PENNY IN THE SLOT
1

＊畫面左邊的字：驚險。牌子上的字：發笑小丑；只需投入一美分

老闆，這筆買賣您肯定不會後悔。這裡沒那麼糟，您看這些東西還是很結實……
只要整修整修，還是可以讓人狂歡到終身難忘。
啊，您說得真對。
這個地方實在被您說得太棒了，我不買都不行呢。來吧，握個手簽約吧。
喔……喔！當然好啊，我很榮幸……
是啊，確實很榮幸。
不過我當然不用付錢啦。我朋友在一個小時之前，就已經讓你的同事簽好文件了。
我們走進來的時候，這塊地方其實就是我的了。
這樣很好，對吧？對對對，我看到你笑了。
而且如果你知道我要怎麼改裝，
你一定會更佩服我的，佩服到話都說不出來。只要用過我做的東西，
你一輩子都不會忘記……
好啦，我得走了。還得去租器材、找員工呢。員工的調性一定要符合企業的需求，對吧……
……對了，還要決定園區的主軸呢。反正時間還很多，
你在這裡慢慢看啊。

FNAP
JOKER
CLASSIFICATION
DELTA 0-2
PRINT FILE
ENLARGEMENT
ALL SCREENS
UNKNOWN
NAME:
UNKNOWN
AGE:
UNKNOWN
RELATIVES:
UNKNOWN

＊小丑／Delta 0-2 級罪犯／列印檔案／放大／全螢幕

＊姓名：不詳／年齡：不詳／人際關係：不詳

*螢幕上的字：不詳

UNKNOWN
少爺，我送點心來了。
布魯斯少爺？
怎麼了？您需要什麼嗎？
不用。這樣就好。
我只是想知道他這次想幹什麼。可是不管怎麼找都找不到。
阿福，我跟他……
鬥了這麼多年，還是一點都不理解他，他也是，一點都不了解我。
我不懂，我們明明這麼恨對方，為什麼到現在還是一點都不了解彼此？

媽的。
我每次把他關進去的時候都會想，拜託你不要再跑出來了。可是從來都沒用，然後每次他跑出來，我就只能希望這次不要那麼糟糕。
高譚觀察報
瘋狂罪犯再次逃獄！療養院維安令人擔心
正義英雄拒絕受訪
維琪・維爾 獨家報導
媽的。
爸爸好了啦，在家就不要談工作嘛。來，熱可可。
謝啦，寶貝，我把這張剪下來貼好就喝。
ALBUM
說到剪報啊，你之前不是在找貓女的那本剪報嗎？你丟在衣櫥後面啊。
改天我幫你全部重新整理一下啦，用圖書館那套系統，很方便的。
嗯哼
喔，又來了！你膠水塗太多，都從剪報旁邊滲出來了啦，你看，還滴到褲子上……
芭芭拉，你比你媽還囉嗦耶……
嗯？有人敲門嗎？
對，巷子對面的柯琳啦，我們今晚要一起去上瑜珈。
喔拜託，爸……客人來了，把剪報收起來嘛。
蝙蝠裝義警將殺人犯打成重傷
犯人不成人形在醫院精神失常
唉，你看。他們第一次碰面都這麼久了。天啊，都過了幾年？
哈，還記得我很小的侯，你跟我講那個綠頭髮白臉的怪人嗎？我都嚇死了。
我以為你想聽嘛……
是喔，結果聽完都做噩夢啦。

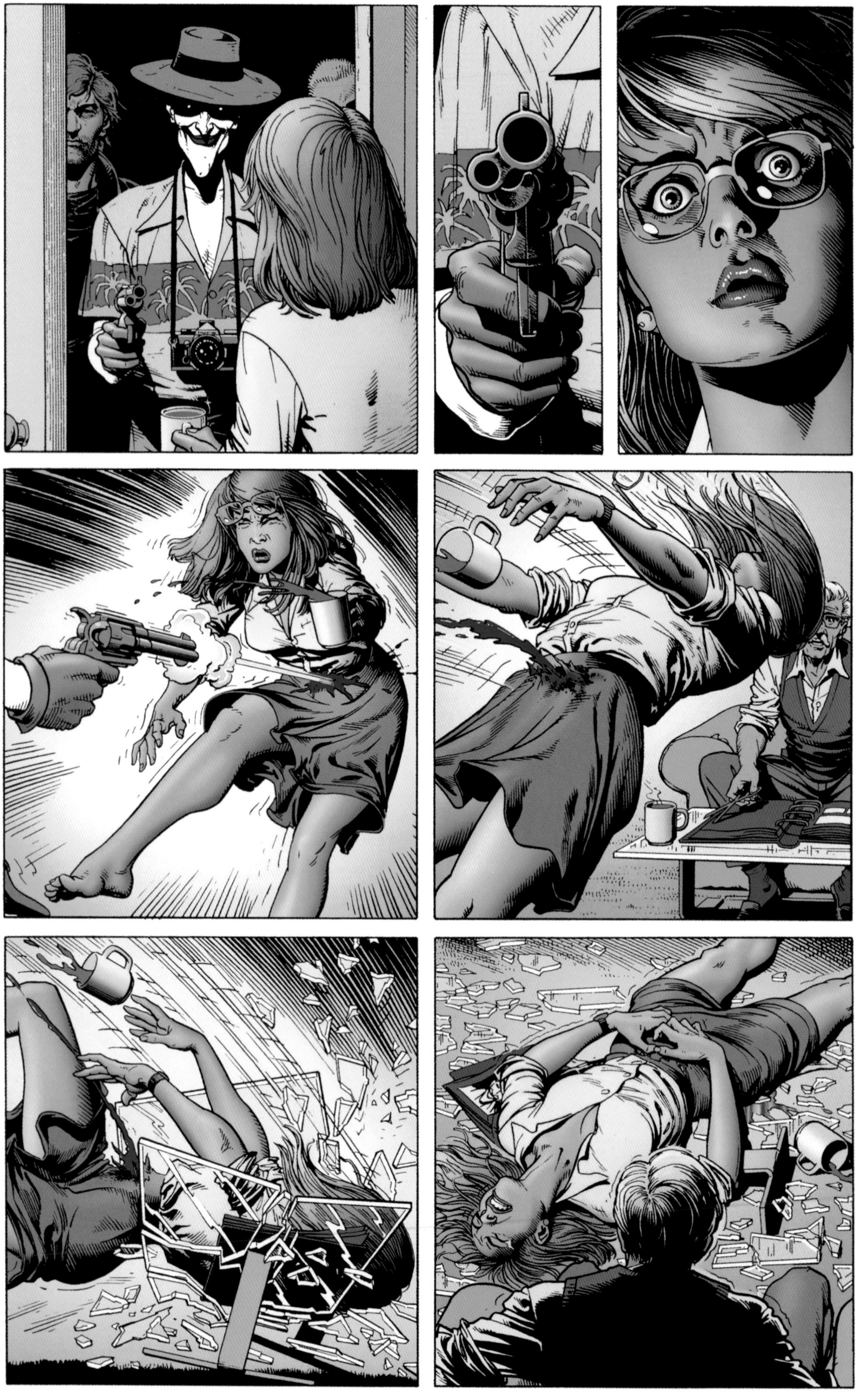

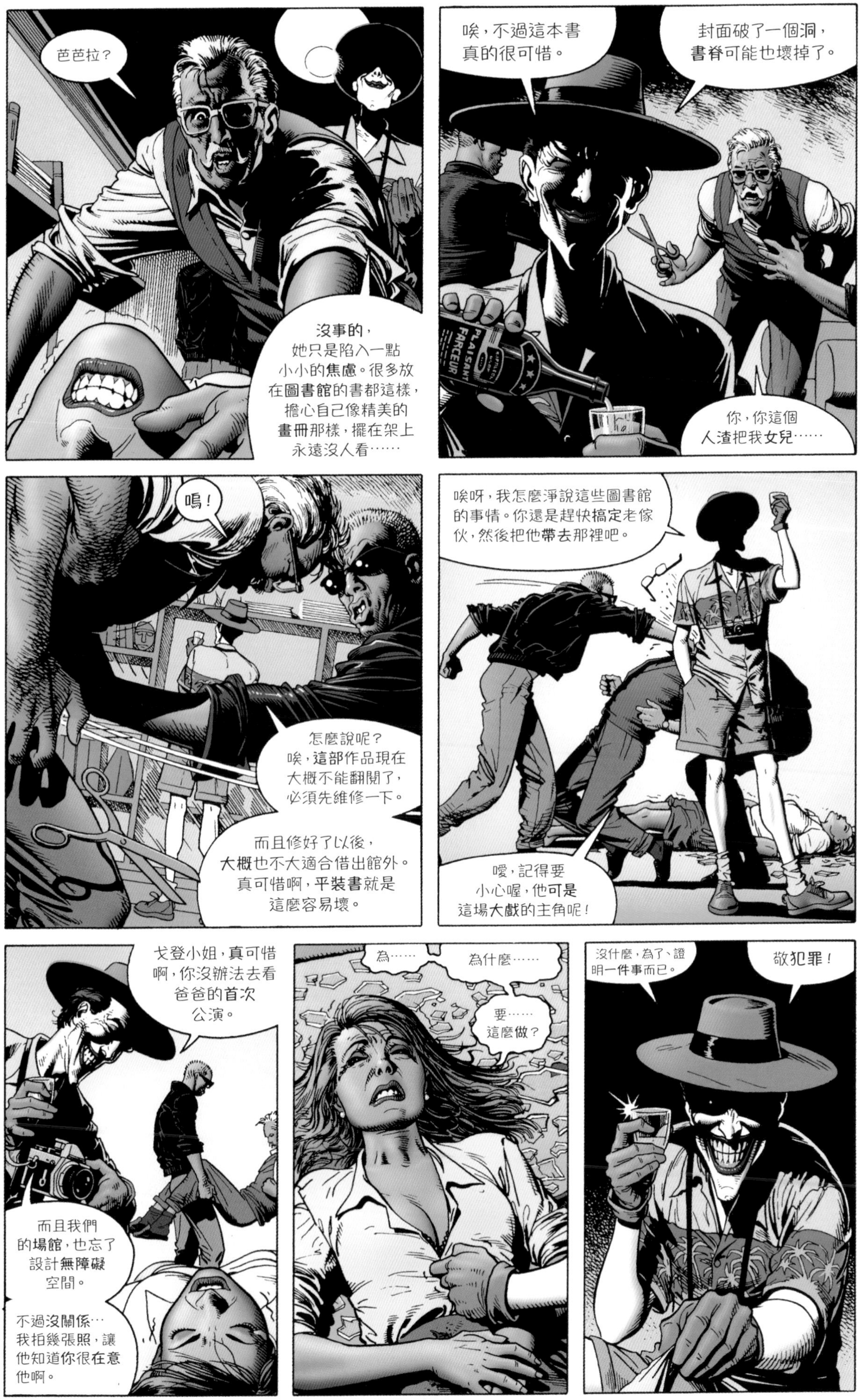
芭芭拉？
沒事的，她只是陷入一點小小的焦慮。很多放在圖書館的書都這樣，擔心自己像精美的畫冊那樣，擺在架上永遠沒人看……
唉，不過這本書真的很可惜。
封面破了一個洞，書脊可能也壞掉了。
PLAISANT FARCEUR
你，你這個人渣把我女兒……
嗚！
怎麼說呢？唉，這部作品現在大概不能翻閱了，必須先維修一下。
而且修好了以後，大概也不大適合借出館外。真可惜啊，平裝書就是這麼容易壞。
唉呀，我怎麼淨說這些圖書館的事情。你還是趕快搞定老傢伙，然後把他帶去那裡吧。
嗳，記得要小心喔，他可是這場大戲的主角呢！
戈登小姐，真可惜啊，你沒辦法去看爸爸的首次公演。
而且我們的場館，也忘了設計無障礙空間。
不過沒關係…我拍幾張照，讓他知道你很在意他啊。
為……
為什麼……
要……這麼做？
沒什麼，為了、證明一件事而已。
敬犯罪！

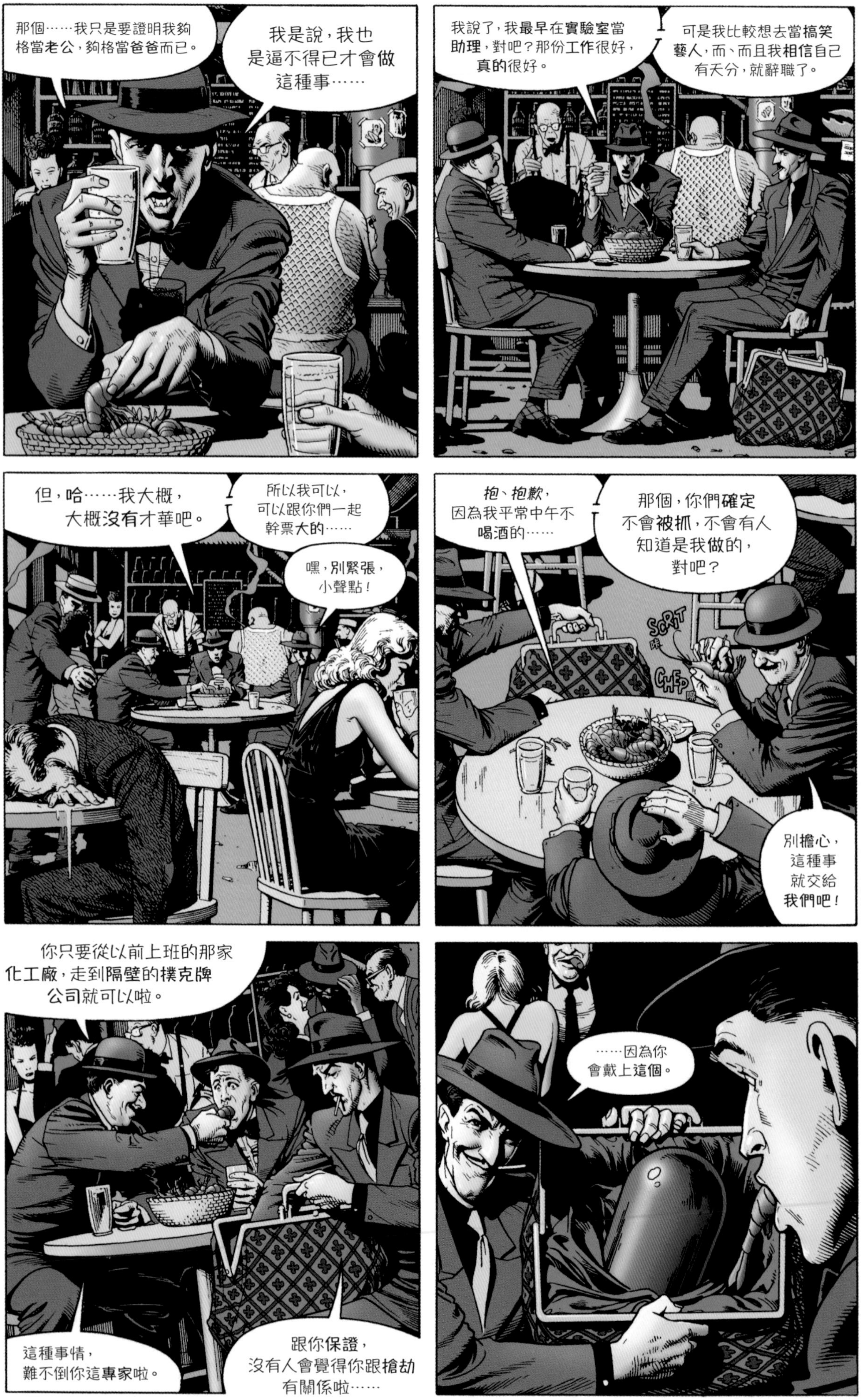
那個……我只是要證明我夠格當老公，夠格當爸爸而已。
我是說，我也是逼不得已才會做這種事……
我說了，我最早在實驗室當助理，對吧？那份工作很好，真的很好。
可是我比較想去當搞笑藝人，而、而且我相信自己有天分，就辭職了。
但，哈……我大概，大概沒有才華吧。
所以我可以，可以跟你們一起幹票大的……
嘿，別緊張，小聲點！
抱、抱歉，因為我平常中午不喝酒的……
那個，你們確定不會被抓，不會有人知道是我做的，對吧？
SCRT
CHEP
別擔心，這種事就交給我們吧！
你只要從以前上班的那家化工廠，走到隔壁的撲克牌公司就可以啦。
這種事情，難不倒你這專家啦。
跟你保證，沒有人會覺得你跟搶劫有關係啦……
……因為你會戴上這個。

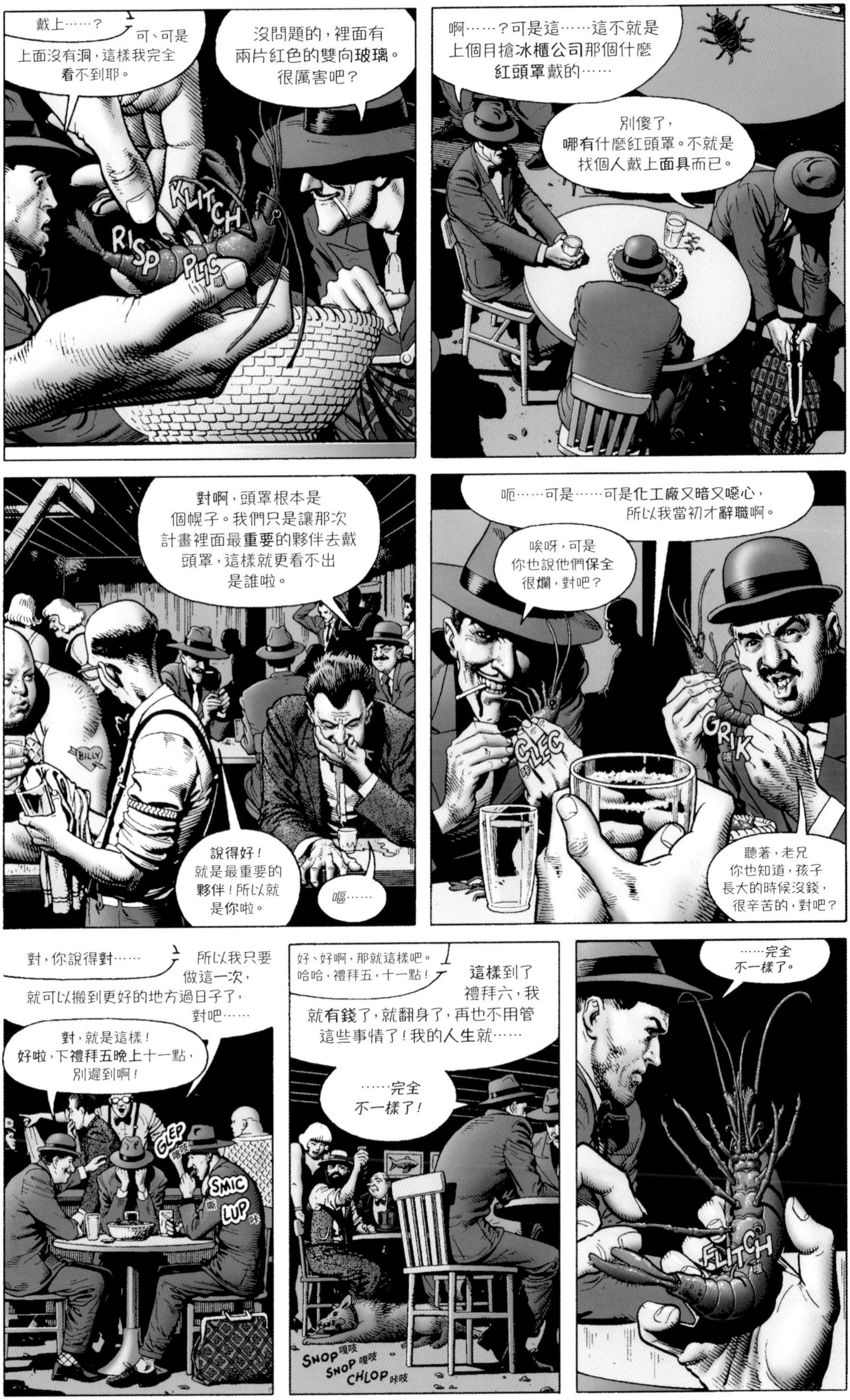
戴上……？
可、可是上面沒有洞，這樣我完全看不到耶。
沒問題的，裡面有兩片紅色的雙向玻璃。很厲害吧？
KLITCH
RISP
PLIC
啊……？可是這……這不就是上個月搶冰櫃公司那個什麼紅頭罩戴的……
別傻了，哪有什麼紅頭罩。不就是找個人戴上面具而已。
對啊，頭罩根本是個幌子。我們只是讓那次計畫裡面最重要的夥伴去戴頭罩，這樣就更看不出是誰啦。
BILLY
說得好！就是最重要的夥伴！所以就是你啦。
嘔……
呃……可是……可是化工廠又暗又噁心，所以我當初才辭職啊。
唉呀，可是你也說他們保全很爛，對吧？
CLEC
GRIK
聽著，老兄你也知道，孩子長大的時候沒錢，很辛苦的，對吧？
對，你說得對……
所以我只要做這一次，就可以搬到更好的地方過日子了，對吧……
對，就是這樣！好啦，下禮拜五晚上十一點，別遲到啊！
CLEP
SMIC
LUP
好、好啊，那就這樣吧。哈哈，禮拜五，十一點！
這樣到了禮拜六，我就有錢了，就翻身了，再也不用管這些事情了！我的人生就……
……完全不一樣了！
SNOP
SNOP
CHLOP
……完全不一樣了。
FLITCH

子彈射穿了脊椎。
她的雙腳大概不會有反應了。
這麼說吧，
她這輩子可能都得坐輪椅。
戈登小姐是一個叫做
柯琳里斯的女生發現的，她
們一起上瑜珈課什麼的。
發現的時候，
戈登小姐身上，呃，
脫個精光，但房間其他
部分都沒有被動過。
不過局長……
脫個精光？
他們沒跟你說嗎？
他開槍射戈登小姐
之後剝了她的衣服，
然後，呃……
我們在地板上找到一個
鏡頭蓋，但整間屋子都沒有那個
尺寸的鏡頭。他大概是……
嗯，拍了她的，
裸照。
那個，抱歉告訴你
這種事。我以為你之前就知道了。
這實在太變態了。
對。
變態。
抱歉，請讓
我們靜一靜。
CLIC 咔

芭芭拉？
芭芭拉，聽得到嗎？
是我
布魯斯。
布魯斯？
布魯斯……他……他把爸爸……
他……他對我……天啊……不要！
芭芭拉，沒事了，現在好好的。
不！不好！一點都不好！他……他這次瘋了……
你不懂……
你沒有看到他的眼神。
他說他要證明……說……說我爸是什麼主角……
天啊，布魯斯，他、他到底要幹嘛？
他抓走我爸要幹嘛？

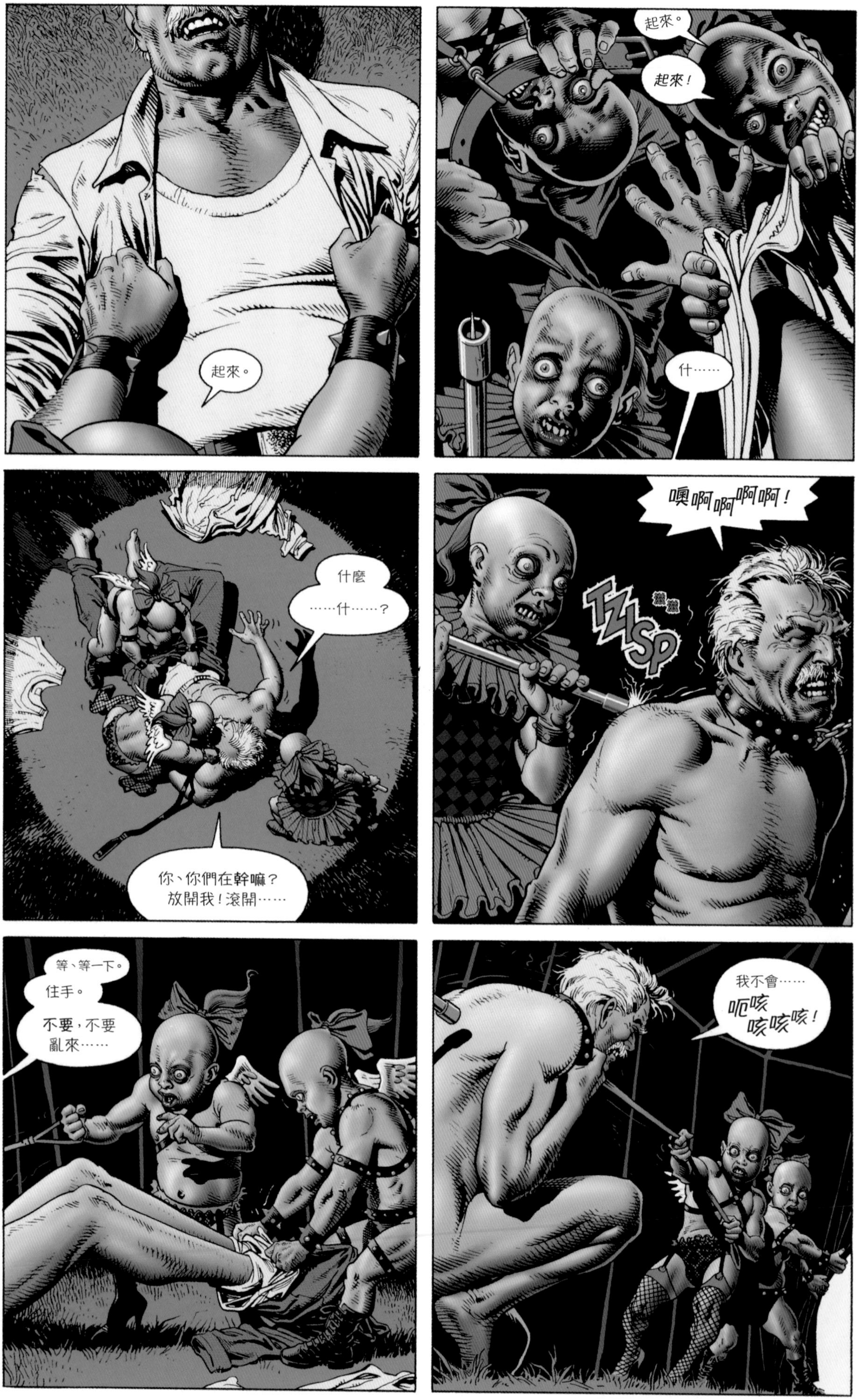
起來。
起來。
起來！
什……
什麼
……什……？
你、你們在幹嘛？放開我！滾開……
噢啊啊啊啊！
TZISP
滋滋
等、等一下。
住手。
不要，不要亂來……
我不會……
呃咳咳咳咳！

住手……
幹嘛……
要把我帶去
哪裡？我……
噢！
啊。天啊。
啊！天啊！天啊，
這是？我做噩夢了嗎？怎麼回事？
我不是坐在我的……
跪下！
什麼鬼？
給我跪下！
嗚啊啊啊！
呃啊！
誰能告訴我
到底是……要我
……怎樣……
怎樣？
沒怎樣。
只是讓你變得跟每個
悲慘到底的人一樣。
只是讓你
發瘋而已。

你！
噢不，
我、我記得……
記得？喔，不行喔，那太危險了。過去的事情很可怕，很不舒服喔。
還是不要想起來吧。哈哈哈哈！
記憶是很邪惡的。前一秒你還沉浸在幸福的泡泡裡風花雪月，感受著小時候幸福的香味、青春期五光十色的日子……
下一秒，你就突然掉到絕不想去的地方……
幹！
掉到那個又黑又冷的深淵，看見那些你希望一輩子都不要想起來的模糊影子……
GHOST TRA
50¢
很多時候，記憶都是可惡的小畜生呢。就跟小孩一樣，哈哈哈哈！
芭芭拉……喔，天啊……
可是沒有記憶也不行耶？我們就是靠著自己記住的東西來推理，沒有記憶的話，也就沒有理性了喔！
等等，那又怎樣？我們又沒跟它簽約！
人生可沒有理性條款！
所以啊，如果你一直回想起恐怖的事情，痛苦到無法忍受的話，就放下吧。放下理性，我們都有瘋掉的權利。
瘋狂，是緊急疏散出口啊……
只要跨過去，就不會再想起那些恐怖的事情了。可以把它們永遠鎖在門的後面……
永遠。

＊幽靈列車

＊酒吧、燒烤

GRILL
BAR &
事情都安排好了嗎？不會變卦吧？
當然啦！怎麼會現在退出？又不是瘋了！
反正、反正最糟糕的事我都做了，我騙了珍妮。她以為我、我晚上要去俱樂部表演……
噯，她這麼想很合理啊。
對啊，一點問題都沒有！
聽好啦。記住今晚要穿西裝，打領結，這樣到時候才像紅頭罩。
沒問題！珍妮也以為我要穿這樣去夜店表演。
嘿，老喬…
抱歉，先生，我們是警察。可以到外面說幾句嗎？
我？怎、怎麼了？我什麼都沒……呃……
講幾句話而已，別緊張。
那個，怎麼了嗎？我什麼都……
先生，抱歉跟你說這件事。你太太今天早上出事了，可能是在幫寶寶熱牛奶的時候……加熱機突然短路了，然後……呃……
那個……非常抱歉，她過世了。
BOCN DO
啊……？

抱歉，我們聽到也很難過。
這種意外發生機率非常低。醫院
那邊把細節都整理好了。
你先別急。
回去再喝個
幾杯吧。
我、我太太
死了。
死了……
天啊，
真是太慘了。
嘿，老弟，
看來現在你還是
一個人靜靜吧？
我們先走，
晚上見？
晚上……見？
不是……
為什麼我還要。
再也沒有什麼理由那麼做了……珍妮
……珍妮都死了……你們……
在說什麼？
不、不、不！這是兩件事。
你太太的事我很難過，可是
今晚的事情很重要。
到這一步，就不能退出了，沒有例外。
好好想清楚。
可、可是……
別可是了！
今晚跟著我們。
明天一早，就可以幫太太
辦場隆重的喪禮啦！
懂了嗎？
好。
好，我懂……

唉呀，局長，把頭抬起來啊！玩幽靈列車怎麼能閉眼睛？膽小鬼，這樣不行喔！
起來！起來！
呃啊！
梆
BDUMP
我知道……你很害怕，很困惑，對吧？沒關係的，這很正常，因為你現在衰爆啦！
可是你也知道，人生不會天天過年吧……來來來，
老師音樂下……
世界這麼淒涼，新聞這麼絕望，這裡是強姦和饑荒，那邊是犯罪跟打仗……
可是沒關係，我教你一招美妙的事情，不管發生什麼都能微笑的事情……
那就是抓、抓、抓狂，像隻撲火飛蛾！抓、抓、抓狂，咬咬地毯吐白沫！
梆
BDUMP
喔，人生就像是鋪滿軟墊的牢房……
一天兩針下去就再也不憂傷！
就放心抓、抓、抓狂，泡進硫酸也無妨！
啊就發、發、發狂，反正電視上的牧師也很怪異！
擺臉色算什麼？要緊！孩子死掉
破產也不啦，你也是點頭笑咪咪！

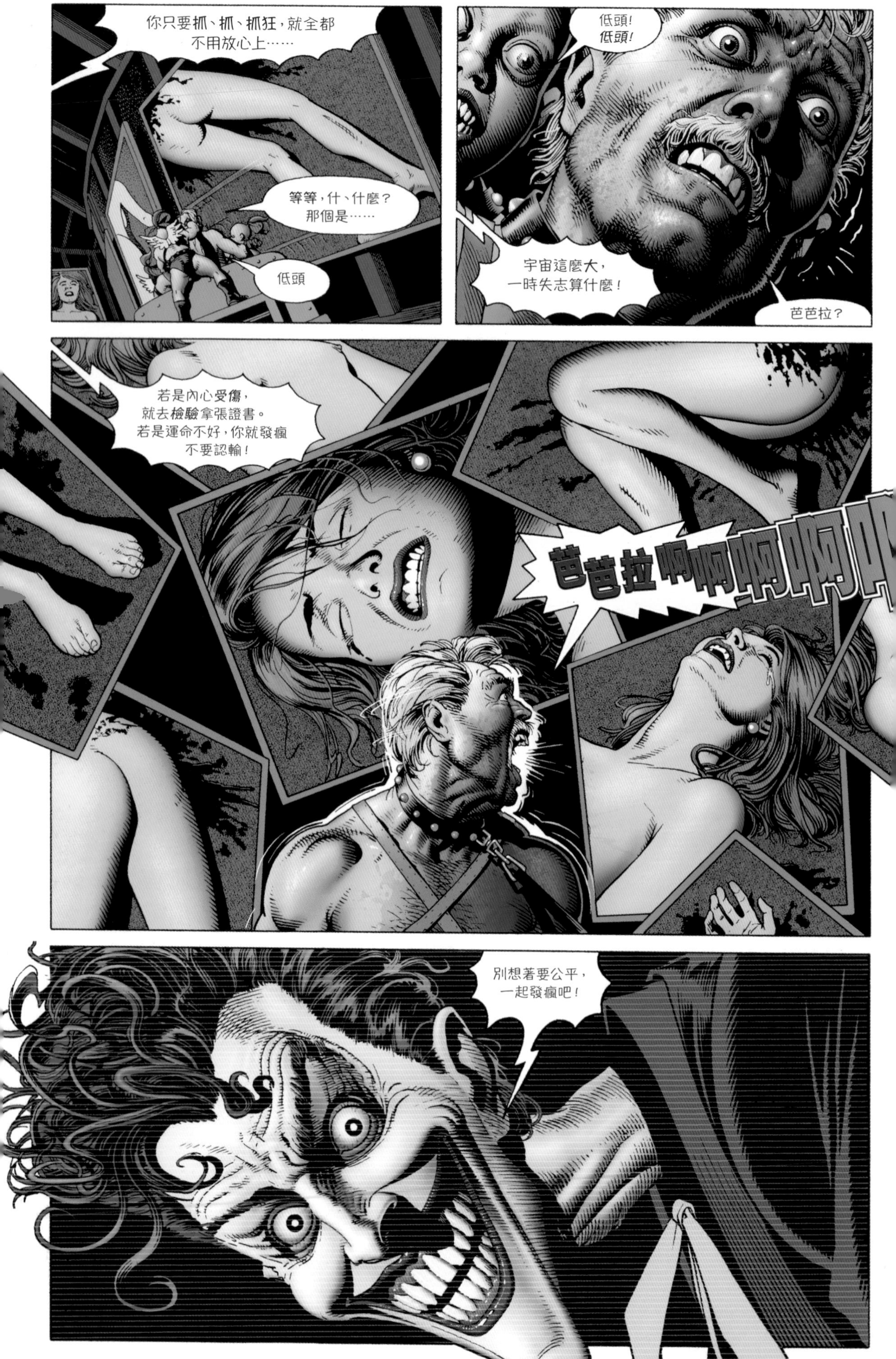
你只要抓、抓、抓狂，就全都不用放心上……
等等，什、什麼？那個是……
低頭
低頭！低頭！
宇宙這麼大，一時失志算什麼！
芭芭拉？
若是內心受傷，就去檢驗拿張證書。若是運命不好，你就發瘋不要認輸！
芭芭拉啊啊啊啊啊
別想著要公平，一起發瘋吧！

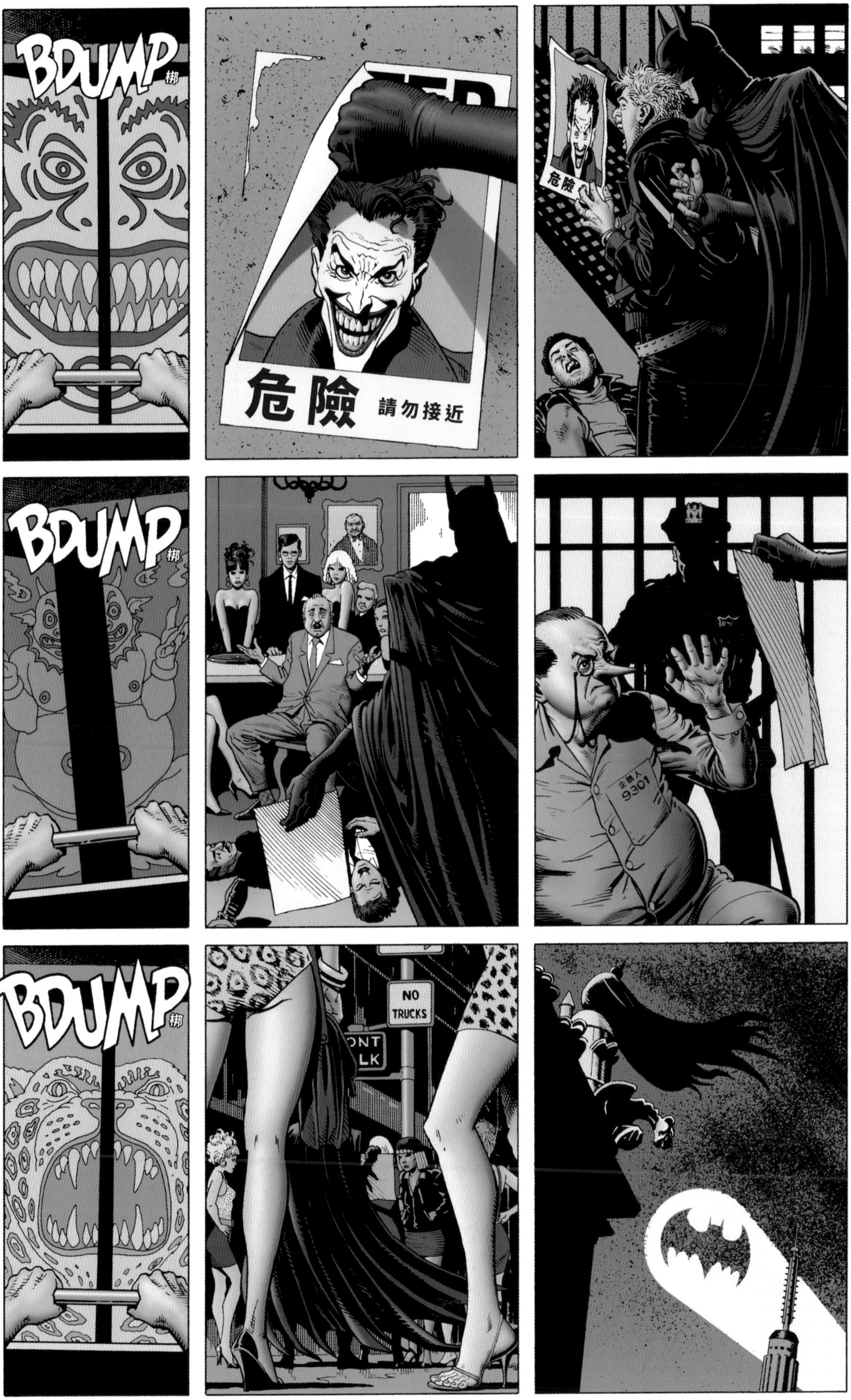
BDUMP
梆
危險
請勿接近
危險
BDUMP
梆
企鵝人
9301
BDUMP
梆
NO
TRUCKS

＊禁行卡車

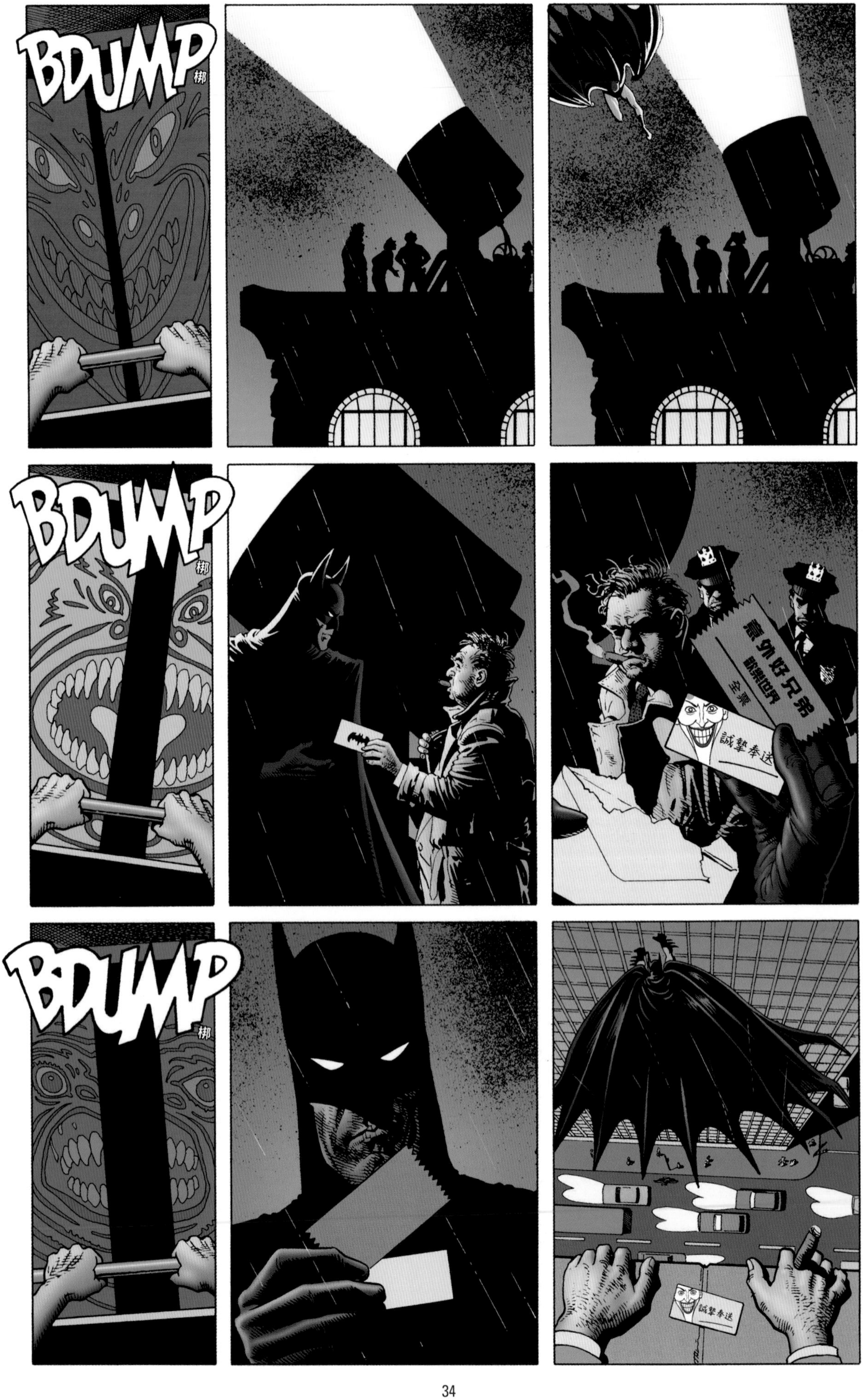
BDUMP
梆
BDUMP
梆
意外好兄弟
歡樂世界
全票
誠摯奉送
BDUMP
梆
誠摯奉送

BDUMP
梆
唉呀呀，他們終於出來啦！各位觀眾，這就是幽靈列車的力量……
哎呀！終於終於，你們看看！幽靈列車果然了不起……他們進去前哪，中間那位還像個高二生一樣，準備迎接三個職籃球星的熱情招待！
結果短短一趟，在殘酷現實的偉大洗禮下……
不過我自己倒是都不碰這些玩意，那樣幻覺就出不來啦。
好啦，局長。您還喜歡嗎？
局長？
哈囉？
有人在家嗎？
咕！怎麼一點反應都沒有？
這傢伙沒腦袋嗎？喂，把他關回籠子裡！讓他好好想想，也許會變得有趣一點……
讓他好好想想，無論你是怎樣的人，不公不義都會突然降臨……

*水面倒影：ACE 化工廠

好啦，別再做夢啦，到底走不走？
走……好啊……走。
我只是在想……之前我每天早上都是走這條路去上班……
好好好，少廢話。戴上這玩意衝吧。
呃嗯！？等等……你確定這沒問題嗎？
在裡面可以呼吸吧？
沒事、沒事、別擔心！唉呀……你的頭型好怪啊……
好啦。看得到我們吧？
呃，可以。那個，就是，整個看起來都紅紅的……
而且很悶，啊好臭。嘿，這樣我的聲音有回音嗎？
想太多，聲音聽起來棒透啦！好啦……快帶我們從這個臭死人的工廠穿到隔壁吧！
沒問題，沒問題。我只是覺得很怪……很像……在做夢……然後珍妮，我還是一直想到珍妮……
喂，小心啊！
好……就走這邊，過濾槽後面有一道牆，對面就是君王撲克牌公司了。
嘿這裡……變紅了之後更噁心了，感覺就像……
嘿！你們幾個！不准動！
不准動，雙手舉起來！
幹！你不是說沒有警衛嗎？
ACE CHEMICAL
我不知道！我還在的時候都沒警衛啊！

不知道？
等等我打爆你的頭，看你知不知道！
啊啊啊！不要，好大聲！我的耳朵……
好了啦去你媽的。搞砸了，快跑！
老莫，工廠後方這邊需要增援，紅頭罩那夥人來了。
幹！幹！到底要怎麼走？這樣出不去啊！
看……看不到啊。戴著這東西，什麼都看不到啊……
他媽的你這死白癡，我一出去就把你斃……
喔幹！喔幹！
怎、怎麼了？我身上沾到什麼，黏黏的……
救命……不要抓我。抓他。紅頭罩才是老大，我只是跟班的……
小心！他拔槍了！
啊啊啊啊啊！
不、不、不、不……
歹徒頭目走上鷹架了。
還在射程範圍內！
好了。槍放下。

我來了。
之後我來處理。
是那個蝙蝠人！報紙上很紅那個……
啊？這啥……？
又見面啦，紅頭罩。
不不不，怎麼會這樣……老天啊，為什麼要這樣對我？
不要過來！你、你不要過來，不然我就……
往下跳……
ACE CHEMICAL PROCESSING INC.
嗚呃呃呃呃
啊啊啊啊！
咳咳咳咳咳
嗚呃

＊ ACE 化工廠

嗚呃……啊啊啊啊！我的手……好痛好癢……我的臉……那是什麼水啊……救命、救命、好燙啊啊啊……
這什麼爛頭盔給我拿開，我要……
看看……
哈！
哈、哈、哈！
幹！
喔呵、喔呵呵呵呵……
啊啊啊啊！

嘻嘻嘻嘻……
嘻嘻嘻嘻……
好白癡啊。
這也太
好笑了吧。
噘！
哈哈噘！
各位先生，各位女士，
走過路過不要錯過！百年難得一見，全世界
最可憐、最罕見的悲劇錯誤就在這裡啦！
一起來看看
為各位獻上…
…一般凡人！
喔……
他外表雖然毫不起眼，
心裡的價值觀卻
極度扭曲。
他把人性當成什麼
寶貴的東西，整天只會
叫人重視什麼社會意識、
什麼保持樂觀。
你們說說，
怪咖應該相信這些
東西嗎？
更讓人噁心的是，他超級
在意脆弱的理性，在意秩序，
可是這些東西根本禁不起碰，
只要稍微用力壓一下……
就崩潰啦。
很好，
我聽到了一個
好問題。
有人問這麼脆弱、
這麼可悲的生物，
到底是怎麼在嚴酷
荒謬的世界活下來的？
答案是，
他們活得
不大好。
有八分之一的人，一旦知道
人類的存在毫無意義、毫無規律、
只是一場瘋狂的鬧劇，就直接崩潰，
變成整天只會流著
口水的畜生啦！
唉，但這能夠怪他們嗎？
這個世界這麼瘋狂……
任何反應
顯然都瘋了！

「喂！」
「我來和
你談談。」

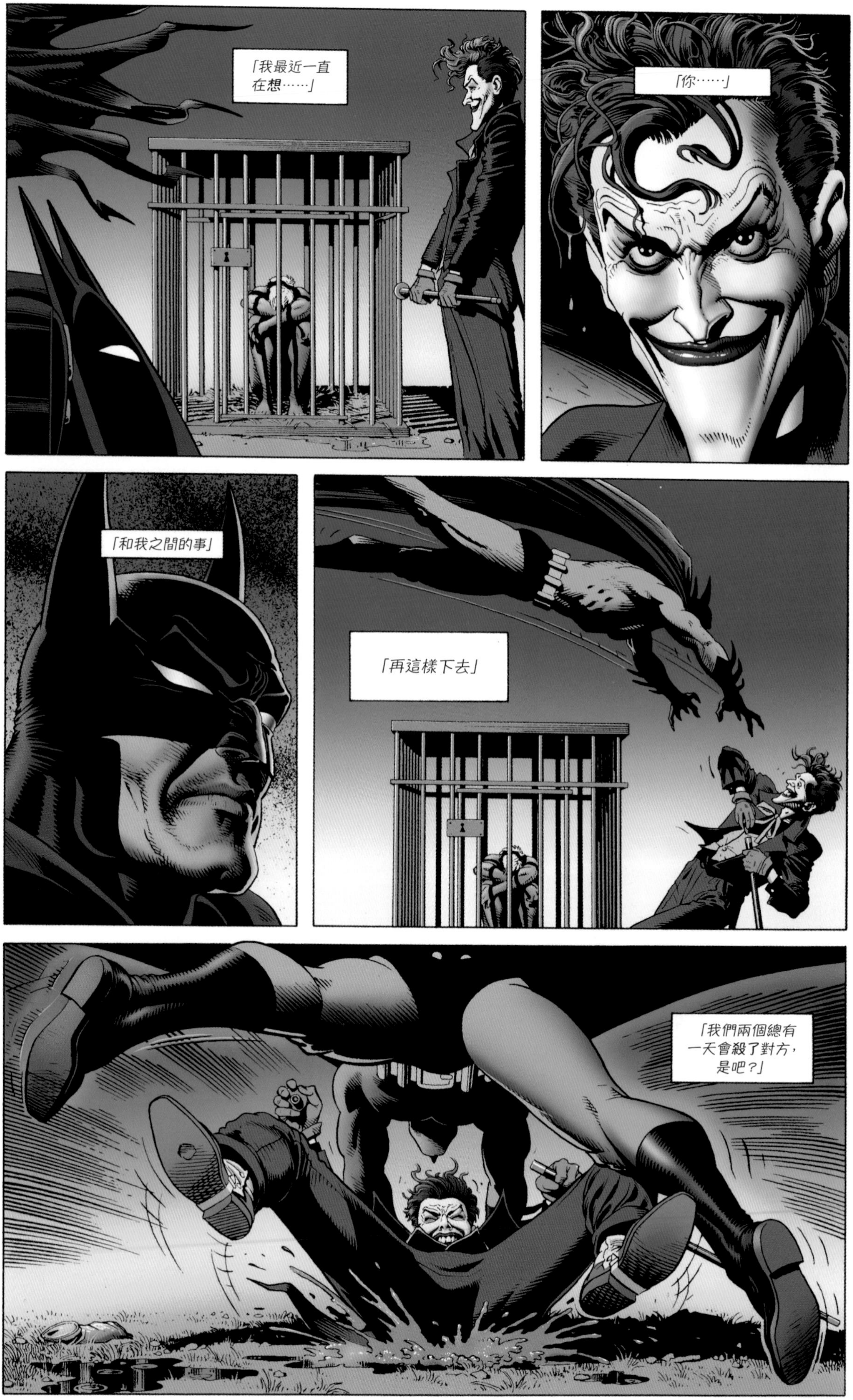
「我最近一直
在想……」
「你……」
「和我之間的事」
「再這樣下去」
「我們兩個總有
一天會殺了對方，
是吧？」

「或許是你
殺了我……」
「或者我
殺死你……」
「或早」
USE OF
「或晚」
USE OF FU
BDUMP
吉姆？
……吉姆，
你……你還
好嗎？
天啊！嗚喔啊啊嗚
哇哇啊啊啊！！！……
天、天啊！
沒關係。
哭吧。

＊歡樂世界

他、他開槍射了芭芭拉。讓我看了那些照、照片……
他想要……逼瘋我。
別擔心，警察馬上就到了。
在那之前我會陪著你。
不！
不必，我沒事！你快去追他。
我要抓住他……
我要照規矩把他抓回來！
我盡量。
照、規、矩、來！聽到了嗎？
我們要證明給他看，
SE OF
證明我們的做法不是幻想！
BDUMP

*歡樂世界

很好……看來你收到公關票了。
我很高興，我太渴望邀你過來這裡。
對，你還是可以再把我抓回阿卡漢療養院……但那都沒差了。
戈登已經瘋了
我才是對的。
事實證明，每個人都跟我一樣，沒有任何差別！
即使心理再健康，只要有一天的運氣爛到底，都會變成瘋子。
對，爛到底的一天！世界跟我的距離就是這麼近。
你也有過一天爛得很徹底，對吧？
我懂，我懂。那天爛透了，爛到什麼東西都變了。
不然你說，你為什麼要扮成一隻會飛的老鼠？
你在爛到底的那天之後，就已經跟其他人一樣都瘋了……
只是你不肯承認而已！
你必須騙自己，騙自己生命還有意義，騙自己這些掙扎都有意義！
天啊，這簡直讓我想吐。

我說啊，你是怎麼了？到底是怎麼會慘成這樣？
你女朋友被流氓殺了嗎？還是弟弟被強盜砍成肉片？
嗯，大概是這麼慘才有辦法吧……這麼慘……
你知道嗎？我也碰過這麼爛的事情。不過細節……其實已經記不清楚了。有時候它長成這樣……
有時候長成那樣……這樣不錯啊。有很多個過去，總比只有一個好吧！
不過這都不重要……重要的是……我瘋啦！
我一發現這個世界多麼黑暗、多麼惡劣，我就直接瘋到底！而且我承認我瘋了！
你怎麼不承認？
而且重點是，你不笨啊！你知道現實長怎樣。
ALL OF MIRRO
你知道我們差點就打起第三次世界大戰，只因為電腦螢幕上出現一群鵝！
而且你也知道上次世界大戰是怎麼打起來的，是因為一群人在吵德國到底欠了戰勝國多少根電線杆！
電、線、杆！哈哈哈哈哈！
全都是笑話啊！所有人類在意的東西，願意賣命的東西……全都是噁心變態的笑話！
可是你怎麼一直聽不出裡面的笑點？
喂，你怎麼不笑啊？

*門上方的字：鏡廳

因為我已經
聽過了……
而且第一次聽的時候
也不覺得好笑。
啊啊啊啊啊啊啊！
噢

順帶一提，我過來之前見過戈登局長了，他沒事。
儘管你玩了這些病態惡毒的小把戲，他還是和以往一樣理智。
也許不是每個人都這麼容易崩潰。
喀吱！
也許人碰到問題的時候，未必得跟那堆見不得光的東西一起躲在地底下……
也許奇怪的人，一直都只有你。
不！
呃！
不要……
啊哈！啊哈！
赫！
哈！

唔……
PTCHIK!
咔咯
噢！
喔！
咈……
砰

咔噠
咔噠
咔噠
幹！
……空的？！
咔噠
咔噠
咔噠
好啦，還愣著幹嘛？
我射了一個手無寸鐵的女孩，又恐嚇了一個老伯伯。
趕快把我踢下台，全場就會起立鼓掌啦。怎麼還不動？
因為這次我照規矩來……
而且我不想那麼做。

你知道嗎？我根本不想傷害你。我根本不想跟你互相廝殺……
搞到這樣只是因為……
我們都知道沒有其他辦法。
今晚可能就是關鍵。也許這是我們最後的機會，化解這血腥的糾葛。
如果今晚你還不接受，可能就只能把自己搞死。
我們都得把自己搞死。
可是為什麼要這樣？我不知道你怎麼變成這樣，可是你沒說啊。
或許我也碰過類似的事。
或許我能幫忙。
跟我一起走吧，我知道怎麼恢復正常。你不用再一個人硬撐，不用再一個人獨自孤單了。
我們不必殺死彼此。
怎麼樣？
不。抱歉。不行……
一切都……太遲了。太遲，太遲了。
哈哈哈。你知道嗎？這實在很荒謬，現在讓我想到一個笑話……

從前從前，有兩個人被
關在瘋人院……
某個晚上，他們決定
不想再被關了。
決定一起
逃出去！
所以他們就爬上屋頂，看著腳底下的整座
城市在月光下伸展開來。只要跳過眼前這段
小小的距離，跳到另一棟樓……
他們就自由了。
於是第一個人拔腿跳了過去，安全落地。可是
他的朋友，他的朋友不敢跳。
因為……因為
他怕會掉下去。
這時候
第一個人說
……
「嘿，沒關係！
我剛好帶了一支
手電筒，我照過去你
那邊變成一座橋，你走
在橋上就可以
過來了！」
TRY YOUR L
可、可是第二個人
搖了搖頭，
他說……
他說：「你、你以為
我是誰啊？你以為我
瘋了嗎？」
「我走到一半，
你就會把手電筒
關掉了啊！」

哈哈哈
哈哈哈哈！
哈哈哈哈
哈哈哈哈
哈……
噗。噗，抱歉……
哈哈哈哈哈！
呵。
呵呵呵呵呵呵呵呵！
呵呵
呵呵呵呵
呵！
HAHA
HA HA
HA HA HA
HAHA

AFTERWORD

我的責編鮑伯·哈羅斯（Bob Harras）叫我寫這本書的〈後記〉，可是這篇明明就擺在書的中間吧？鮑伯說我最多可以寫八百個英文字，如果再多，就得刪掉幾頁漫畫了，沒有人想這樣。所以啦，讀者諸君，如果我寫到一半突然停了，那只是頁數用完了而已。

我剛剛讀完提姆·賽爾（Tim Sale）那篇很棒的前言。在我讀過的前言裡面，這篇顯然是最……最近讀到的。我剛剛才跟十一歲的兒子一起看那部很紅的《超異能英雄》（*Heroes*），它讓演員來簡介劇情的方法真的很酷。所以我也很喜歡這本書，這本書裡的每一個字都不是編劇寫的，而是漫畫家寫的。大家通常覺得漫畫家的專長不是把句子串起來，但到目前為止應該還不錯。

提姆那篇前言搞錯了一件小事：這部作品是我叫艾倫寫的，不是他找我來畫的。《致命玩笑》的計畫不是艾倫發起的，據我所知也不是他最喜歡的作品，他通常都不把這部作品列入代表作。不過能跟他合作我真的很高興，當時我們已經認識滿久，好幾次都有機會合作卻都錯過。所以能邀到他來寫，我真的很幸運。我很佩服他，所以在這部作品之後，我就沒有再跟其他編劇合作，就這樣過了二十二年。當你一旦遇過最強的高手，跟其他人玩就好像是在自暴自棄。

《致命玩笑》的劇本非常好，不過也讓我在畫的時候天人交戰好幾次。例如我絕對不會去寫小丑的出身，我認為就連這個故事，也只是那個瘋子自己在腦中想像的其中一個可能身分。另外如果是我，大概也不敢讓芭芭拉變得那麼慘。不過這部作品確實締造了很多經典場面，我最喜歡的一幕，就是小丑按下扳機才發現槍裡沒裝子彈——而且那把槍，剛好就是他之前拿來射穿芭芭拉脊椎的那把。然後大家好像都覺得這部的結局寫得模稜兩可？沒問題，我會在這篇文章最後直接公開。記得提醒我。

我要感謝原版《致命玩笑》的著色師約翰・希金斯（John Higgins），當時他一下子就答應，很快就完成了這本書。當年可沒有電腦繪圖，還得用「藍線」描圖，用噴氣筆跟廣告顏料上色的時代。所以即使我真的對這部作品的色彩有什麼看法，我也不可能自己慢慢塗。不過也許是因為大家都知道約翰選擇的色彩跟我想像的差很多，二〇〇七年鮑・哈羅斯說要重出這版的時候，我問他：「這次整本書都可以讓我上色嗎，拜託？」他答應了。

電腦高手傑布・伍達德(Jeb Woodard)用一些只有他才懂的高科技方法，製作了本書的線稿。《致命玩笑》的原畫早就被收藏家買走了，所以他去找原版的漫畫書，將線條抽離出來，存成另一個檔案寄給我，讓我在自己的Mac上著色。這實在很好玩，而且讓我忍不住做一些小改變，例如在這裡加一些裝飾，把那張臉整個重畫之類的。眼尖的讀者大概會發現，這個版本的《致命玩笑》，每一頁都跟二十年前的初版有點不一樣，而且至少多了一個初版完全沒有的人物。對，你可以把它當成某種「大家來找碴」。

後面那篇〈一個無辜的傢伙〉對我而言很重要（話說它沒取這個名字，只是大家都這麼叫它）。在我越來越偏向自己畫完整部作品，越來越不想跟編劇和著色師合作之後，我也越來越想畫一個蝙蝠俠的故事，無論作品多好多爛，完全出自我手。所以我在〈一個無辜的傢伙〉裡面，把所有沒辦法畫進《致命玩笑》的畫面都放了進去，例如我小時候很喜歡迪克・斯普朗（Dick Sprang）那種詭異的超現實蝙蝠俠。此外我也喜歡很多其他漫畫裡面那些正邪不詳的黑暗氣氛，所以我就肆無忌憚地把兩者合在一起。結果這部作品果然讓人不爽，至少有一個七歲男孩的母親直接寫信向我抗議。在重編這本書的時候，傑布用細緻的網格繪圖蓋過原版的黑白稿（不過沒有完全蓋滿，仔細看就可以看到一些黑白稿的殘餘碎片），再交給我上色，讓這部作品首次擁有色彩。希望你喜歡最後的結果，當然也希望你喜歡這篇文章前面的46頁。

對喔，我要公開《致命玩笑》的真正結局。聽好囉：我們的主角站在雨中，被最後那則笑話逗得大笑。警車的大燈把地上的一灘灘髒水照得閃亮。蝙蝠俠伸出雙手，然後……

BRIAN
BOLLAND

布萊恩・伯蘭Brian Bolland／英國六里屯附近，2008年

THE
Joker
握手！
BOLLAND

THE JOKER 小丑

真實身分：不詳
職業：罪犯
親屬：無
相關團體：無
活動範圍：高譚市
首度出場：《蝙蝠俠》#1（1940年春季號）
身高：6呎5吋（195.6公分）
體重：192磅（87.1公斤）
髮色：綠

角色歷史

他是蝙蝠俠最無情、最難以預料的對手。無論在什麼時候，這個精神病患都可以為了好玩而突然殺掉任何一個人，有時候甚至是他的夥伴。高譚市的記者很久以前就不再叫他「好笑的犯罪王子」（Clown Prince of Crime），因為就連他們都知道小丑一點也不好笑。

沒有人知道小丑在遇到蝙蝠俠和高譚警方之前發生過什麼事，就連小丑本人都記不清楚，因為他異常的心理狀態搞亂了所有的回憶。在他的其中一段記憶裡，小丑原本是個可憐的魯蛇，想當搞笑藝人卻一直失敗，妻子意外身亡，還被人拐去參與搶案。據報導，在他帶著其他歹徒穿越化工廠，前往搶劫目標的路上，其他同夥被警方擊斃，戴著紅色頭罩的他則碰上了蝙蝠俠，於是在情急之下，跳進了裝滿化學廢料的儲存桶。他一路被沖進河裡，等到終於走上岸邊，全身的皮膚已經被化學物品漂得像粉筆一樣白，頭髮也變成了綠色，臉上那副恐怖的笑容永遠揮之不去。這一連串的巨大衝擊，消滅了他最後一絲理智……，於是小丑就這樣誕生了。

不過無論這位受憎之丑（Harlequin of Hate）到底是怎麼誕生的，他都在首度登場時奠定了蝙蝠俠頭號宿敵的地位。當時他向高譚最有錢的富翁勒索了天價的金額，卻沒想到被蝙蝠俠繩之以法，但在極端自私的他眼中，強大的蝙蝠俠反而是個完美機會，剛好可以用來證明自己是個犯罪天才，於是他開始用各種詭計陷害蝙蝠俠，這比殺了對方還要有趣。

不過這種「禮遇」僅限於蝙蝠俠，不包含蝙蝠俠的朋友跟夥伴。小丑闖進戈登局長的家，用槍把蝙蝠女芭芭拉射得半身不遂。幾個月後他試圖把核武賣給伊朗恐怖分子，被蝙蝠俠和第二任羅賓傑森．托特發現，於是他殺了傑森。

小丑雖然精神異常，卻顯然是蝙蝠俠最難纏的對手，而且說不定正是因為精神異常才這麼強大。他不僅誰也不信，甚至還會很快殺掉那些笨到願意相信他的傢伙。他的犯罪計畫通常暗藏神祕的主題或隱而不顯的模式，只有纏鬥多年吃過很多虧的蝙蝠俠看得出來。而且因為他精神異常，即使被抓也不會送進監獄，只會關進阿卡漢療養院，然後沒過多久又逃出來。

能力與武器

小丑最危險的地方就是捉摸不定，永遠搞不清楚他下一秒要幹什麼。他經常用雪茄炸彈、高壓電擊器這種致命道具濫殺無辜，而且把這當成某種遊戲。此外無論他手邊是一把鐵撬還是一把衝鋒槍，他都可能突然拿起來把看到的一切打個稀爛。

小丑的肉搏技巧相當普通，但經常爆發出瘋子才有的怪力。最後，他最有名的武器莫過於自己發明的「小丑毒液」，只要注入血管內，你的臉就會變得像小丑一樣，從此只能帶著那副恐怖的微笑。

文：馬克・瓦德 MARK WAID
圖：布萊恩・伯蘭 BRIAN BOLLAND

THE ORIGIN OF
The JOKER
小丑起源
作家 馬克・瓦德
繪者 布萊恩・伯蘭
上色 麥特・霍林沃斯
字體設計 賈德・K・弗萊
選一張吧。
隨便選。
喔，這就是那部讀者笑不出來的漫畫啊……我記得它是這樣的，對啦我有時候記不清楚……
什麼？你聽過了？沒關係啦。
呃，我不能直接說。不然這樣好不好，有一天，有個叫做內皮爾的黑道跑來高譚，然後……
不對，這個版本兒童不宜。
我知道了，這個版本一定可以。有個小魯蛇帶著紅頭罩走進一家工廠，對吧？
他想去偷別人的薪水。

可是那隻會飛的大老鼠從天上跳下來，把他踢進了化學廢液……不對，他是自己跌進去的還是……
……沒差啦，反正幸好，真的幸好他還記得怎麼游泳。
* ACE 化工廠
總之他回過神來，就已經沖到排水孔了，然後那些噁心的……
噁心的化學藥品，就把他的皮膚燒成全白，頭髮弄成全綠！
而且買二送一，他從此之後都只能笑得這——麼迷人啦！
所以他從此之後，就好討厭、好討厭高譚市的那些蝙蝠喔。然後他就把最大的那隻幹掉啦！
碰 你就死了
欸，等等，幹掉了嗎？啊我記不清楚了。
沒差，故事長怎樣，只是看你怎麼洗牌而已。
什麼？不好笑？沒關係，等一下就到笑點啦。
等我殺了你，就會很好笑啦。
哈哈哈哈哈哈哈

武器和特殊能力

小丑沒有超能力，但他光靠特殊的心理狀態，就成為全世界最危險的殺人魔王。他最有名的武器是「小丑毒液」，只要注入血管內，你的臉就會像小丑那樣恐怖地微笑，不斷發出變態的笑聲，最後死去。

關鍵作品

- 《蝙蝠俠：致命玩笑》*BATMAN: THE KILLING JOKE*
- 《蝙蝠俠：家人之死》*BATMAN: A DEATH IN THE FAMILY*
- 《小丑：惡魔代言人》*JOKER: THE DEVIL'S ADVOCATE*
- 《蝙蝠俠：狂笑之人》*BATMAN: THE MAN WHO LAUGHS*

我不是壞人，
而且真要講起來，應該算是好人吧。
我是個好兒子，也是個好男人，常常帶女友出去買東西給她。而且我每個星期都上教堂。
不過啊，人生總要做件壞事。真正的，真正邪惡的事。
因為你知道嘛，每個人生下來都有自由意志。要做什麼不做什麼，好事還是壞事，都是我們自己選的。可是有時候我總覺得，大部分的人選擇當好人，
只是因為害怕坐牢、不想下地獄之類的而已，才不是因為真的想當好人。有個傢伙說過「出於恐懼而做的事情沒有任何道德價值」，嗯，我也這麼覺得。我覺得只有真的做過壞事，然後還是覺得做好事比較舒服的人，才真的算是好人。
好啦，所以我要做什麼壞事呢？真正的壞事，一定得極度殘忍、極度恐怖……完全沒有必要
……還有……
嗯……對，完全沒有動機。畢竟我可不想被抓啊，嘿嘿。
THE OUTS
THE VANISHIN
LINCOL

作者&繪者：布萊恩・伯蘭

字體設計：艾莉・德維爾

有個下水道豎坑，廢棄了很久，從來不會有人進去。
我可以綁架一個小女孩，把她銬在底下在黑暗裡哭喊，喊破了喉嚨也沒人來救，最後活活餓死。
23C
別搞錯，我可沒有什麼奇怪的癖好。這只是要她盡可能地痛苦，毀掉她家人的人生。我願意為了這個不擇手段。
可是仔細想想，總覺得這太弱了。
真要做壞事，就得做大一點，做到無人不知、無人不曉。對，就像謀殺約翰・藍儂那樣，真要做，就得找名人下手。
教宗這個目標不錯，可是他身邊整天圍著一大堆專業保鑣，而且走到哪裡都躲在防彈座駕裡面。
還有啦，我不常去義大利……嗯，其實根本沒去過。
方便起見，還是換個在高譚市的好了。嗯，而且身邊不能有武裝保鑣。
好，答案就是蝙蝠俠。

殺他不是什麼問題。我有槍，我爸給我的。我爸認為公民一定得擁槍自重，所以自己收了一整套。這把槍也很普通，全市裡面不知道多少人有。在高譚走到哪裡都看得到。
我當然會自己動手……畢竟我爸也教過我開槍。不過事成了之後我就會離開，才不會留下什麼名片、什麼兩個正面的硬幣、什麼謎題。啊，我當然也不會像瘋子那樣亂笑。我會直接走人，什麼都不留。
你知道，照理來說，他現在完全可以坐在藏身處，用他那個巨大的監視系統看著我說這些話。
可是我確定他不會這樣。因為監視善良百姓是不對的，而他是好人啊。
所以啊，他現在一定在沿路追捕罪犯……

將他那兩片大大的蝙蝠
翅膀在夜空中撐開……
好人一看到就安心。
壞人一看到就膽戰心驚。
他死了以後，
大家都會很想他。
尤其是我。
他人多好啊，只要一句話就單槍
匹馬去面對雙面人……
與毒藤女糾纏不休……
就衝進那三個，
那三個畜生面具的老巢……嘿！
他們叫什麼來著？

總之每次他一出現，壞蛋就
沒戲唱了。
企鵝，放下你的傘！
AWWWWK
嘎啊啊啊！
來啊！
然後就是一場驚心動魄的追逐，在什麼超巨大打字機之類的上面跑來跑去，
使出
帥氣的必殺一擊。

好人就勝利了，
正義凜然地離開。
壞蛋在角落裡一個人
孤伶伶地反省。
STAVELEY 82 96
對，因為
做壞事一點都不划算。

不過啊，在那之後蝙蝠俠會暫停一下，把臉轉向最亮的地方……露出暗夜復仇者的面孔。
這時候就會有個人出來，也許是暗巷裡面，
也許是高樓的窗邊，
也許是長滿青草的小山丘，
或者其他什麼地方，
總之，會突然出現一道閃光。
然後……
BANG
砰

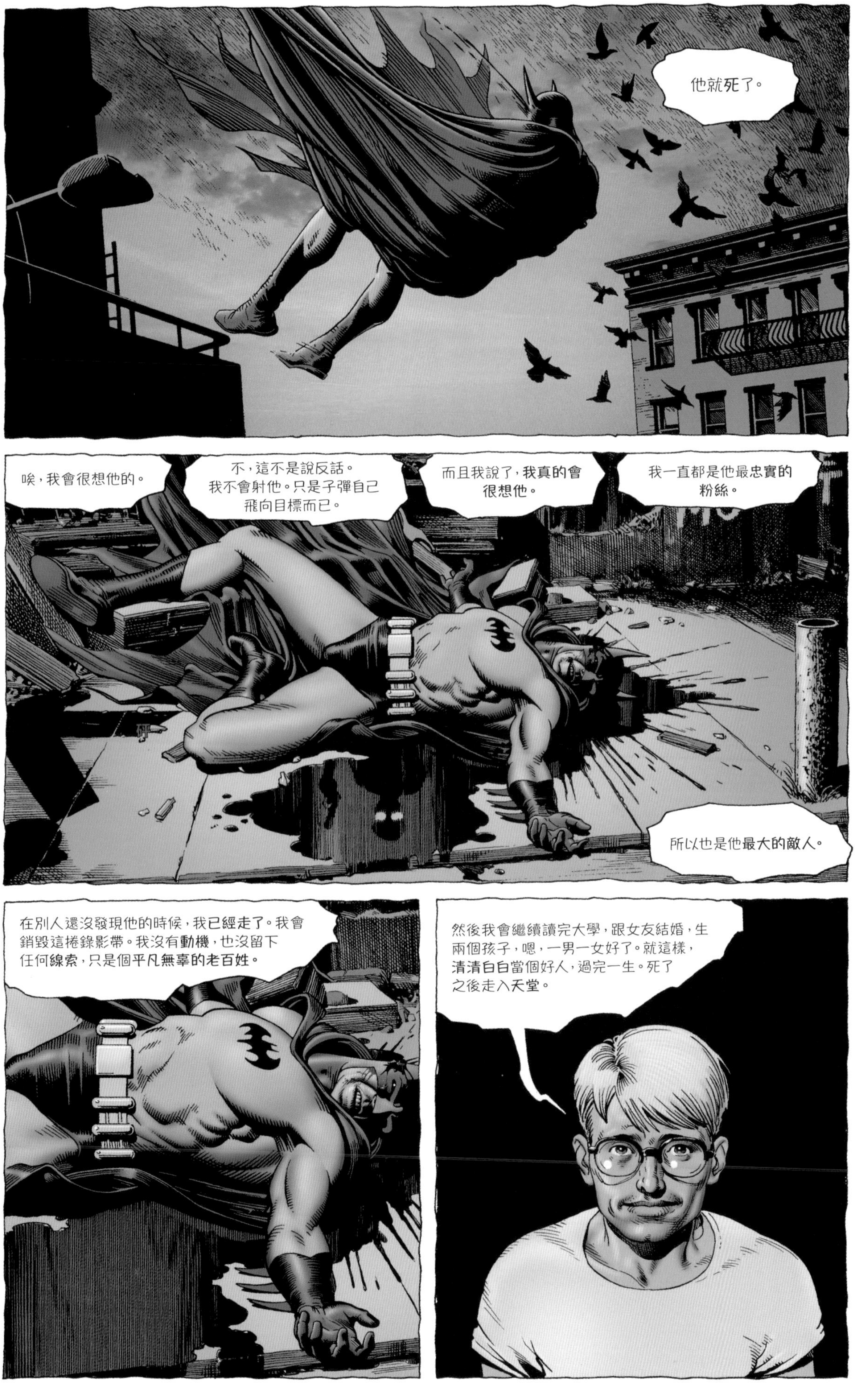
他就死了。
唉，我會很想他的。
不，這不是說反話。我不會射他。只是子彈自己飛向目標而已。
而且我說了，我真的會很想他。
我一直都是他最忠實的粉絲。
所以也是他最大的敵人。
在別人還沒發現他的時候，我已經走了。我會銷毀這捲錄影帶。我沒有動機，也沒留下任何線索，只是個平凡無辜的老百姓。
然後我會繼續讀完大學，跟女友結婚，生兩個孩子，嗯，一男一女好了。就這樣，清清白白當個好人，過完一生。死了之後走入天堂。

THE KILLING JOKE: THE COVER STORY
致命玩笑封面故事

以下幾頁是布萊恩・伯蘭從鉛筆草稿一路修到最終完稿的過程。

Brian Bolland
8/8/86

SMILE!
WITZ

AT LAST THE VILLAIN WILL KNOW THE GAME'S UP
THROW DOWN YOUR BROLLY PENGUIN
(THIS IN BOLD)
AWWWWWK
(BOLD)
MAKE ME!
THERE'LL BE A FIGHT. AND A THRILLING CHASE INVOLVING AN ENORMOUS TYPEWRITER OR SOMETHING,
A SWIFT AND DECISIVE CLIMAX

IT'LL BE NO PROBLEM. I GOTTA GUN. MY DAD GAVE IT TO ME. HE'S GOT A WHOLE COLLECTION. HE'S A GREAT BELIEVER IN A CITIZEN'S RIGHT TO BEAR ARMS. ITS A GUN JUST LIKE A MILLION OTHERS IN THIS CITY.
I'LL DO THE DEED... MY DAD TAUGHT ME HOW TO SHOOT, TOO... THEN I'LL LEAVE THE SCENE. I WON'T LEAVE A CALLING CARD, A DOUBLE-HEADED COIN, A CODED-RIDDLE AND I WON'T LAUGH LIKE A MADMAN. I'LL JUST LEAVE WITHOUT A TRACE.
I MEAN, FOR ALL I KNOW, RIGHT NOW HE COULD BE IN HIS SECRET HIDE-OUT SOMEWHERE HUNCHED OVER HIS SECRET SURVEILLANCE SISTEM, ... MONITERING EVERY-THING I RECORD ON THIS TAPE,
BUT I'M SURE HE ISN'T. 'CAUSE HE'S ONE OF THE GOOD-GUYS, AND SPYIN' ON INNOCENT PEOPLE WOULD BE WRONG.
NO. RIGHT NOW HE'S ON THE TRAIL OF SOME CRIMINAL...

HIS GREAT BAT-WINGS UNFURLED AGAINST THE NIGHT SKY,
STRIKING TERROR INTO THE HEARTS OF THE GUILTY,
AN INSPIRATION AND A COMFORT TO THE INNOCENT.
HE'LL BE SADLY MISSED.
ESPECIALLY BY ME.
ONE DAY HE'LL BE FACE TO FACE WITH TWO-FACE...
OR HE'LL BE TANGLING WITH POISON-IVY...
OR IN THE LAIR OF... THOSE THREE GUYS WITH ANIMAL MASKS WHOSE NAMES I CAN NEVER REMEMBER!

THE GOOD GUY'LL MAKE A DRAMATIC EXIT
LEAVING THE BAD GUY TO PONDER THE ERROR OF HIS WAYS.
'CAUSE, LET'S FACE IT, CRIME DOESN'T PAY.

AND JUST FOR ONE MOMENT THE BATMAN WILL PAUSE. TURN. HIS FACE ILLUMINATED BY A SINGLE LIGHT... A SPLENDID AVENGER OF THE NIGHT.
AND THEN FROM A DARK ALLEY,
OR A WINDOW HIGH UP,
OR A GRASSY KNOLL,
OR SOME OTHER PLACE,
THERE'LL BE A GLINT,
AND THEN
BANG
WILL YOU DO THIS OR SHALL I?

JOKER
7.13.91

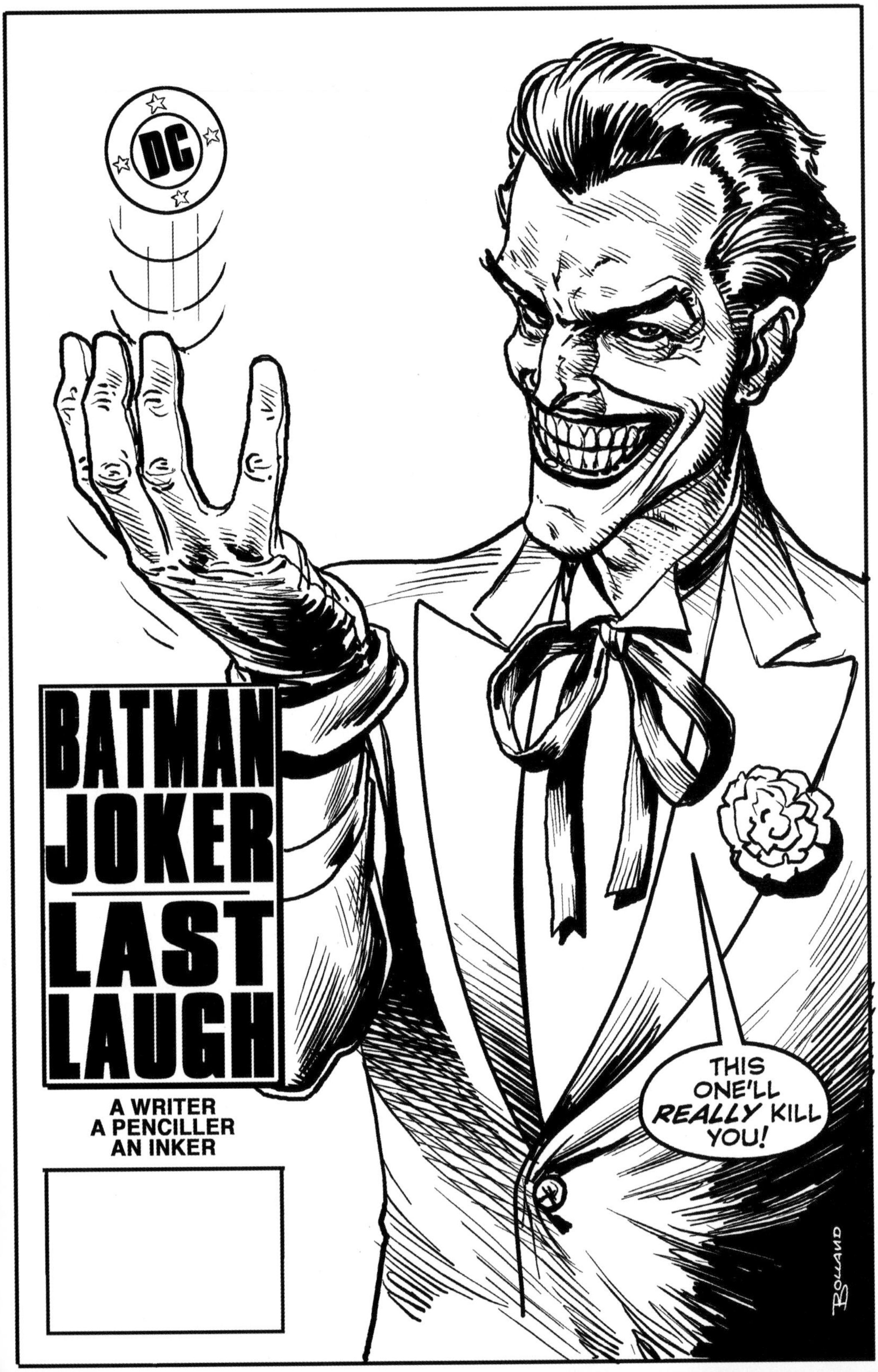

「我在畫《高譚騎士》的時候，DC的蝙蝠俠部門請我幫為期六期的《小丑：最後笑聲》（*Joker: Last Laugh*）畫一張封面。《高譚騎士》裡面沒有小丑，所以雖然時間很趕，可能得因此放棄一兩期《高譚騎士》，我還是答應了。我喜歡連著畫封面，可是人生有時候就是得做出取捨。第一集他們要一張大大的海報照，於是我就畫了，交稿之後收到一封電子郵件，原本幾乎黑色的

THIS ONE'LL REALLY KILL YOU!

《小丑：最後笑聲》 #6 封面，2002
下圖、右圖：草稿
對頁：最終上色版

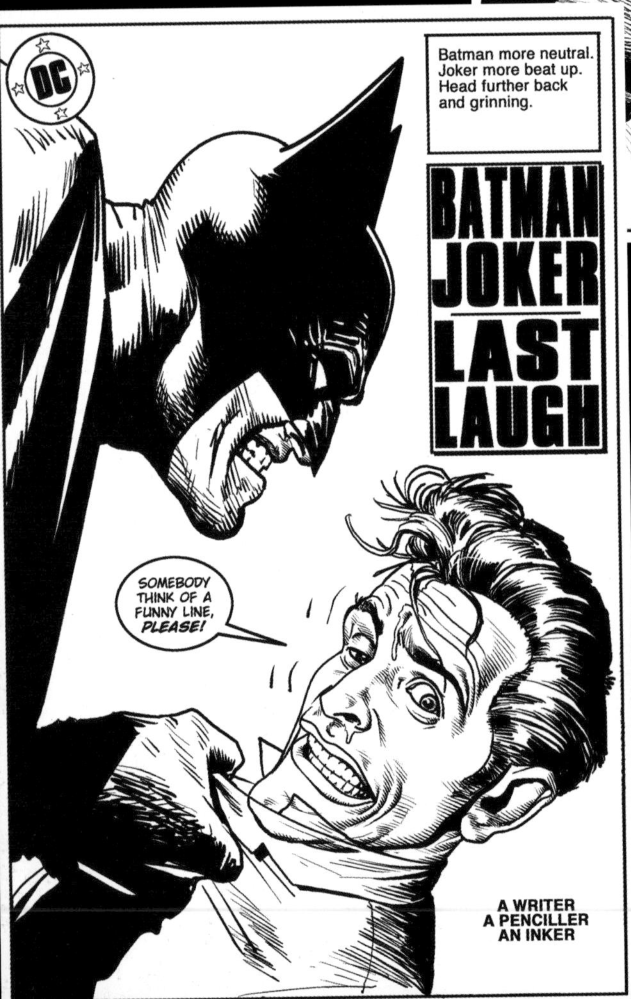

「後來其他幾集的劇本跟參考圖片寄來之後，我發現角色有些地方怪怪的，我從來沒有聽過，而且跟我知道的蝙蝠俠與小丑也不合。所以我怎麼都提不起勁去畫第二集的封面。這讓我感覺很糟糕，因為之前都答應了，之後卻反悔。我掙扎了一兩天，最後終於鼓起勇氣去打電話道歉。我覺得他們一定會覺得我自以為是，覺得我靠不住，我跟編輯之間的信任一定已經破裂了。結果沒想到他們竟然說，那可不可以只畫第六集的封面，讓頭尾呼應就好。所以我就畫了這張。他們說最初的版本太血腥了，所以我之後又修了一下。我把兩張都放在這裡。」

——布萊恩・伯蘭

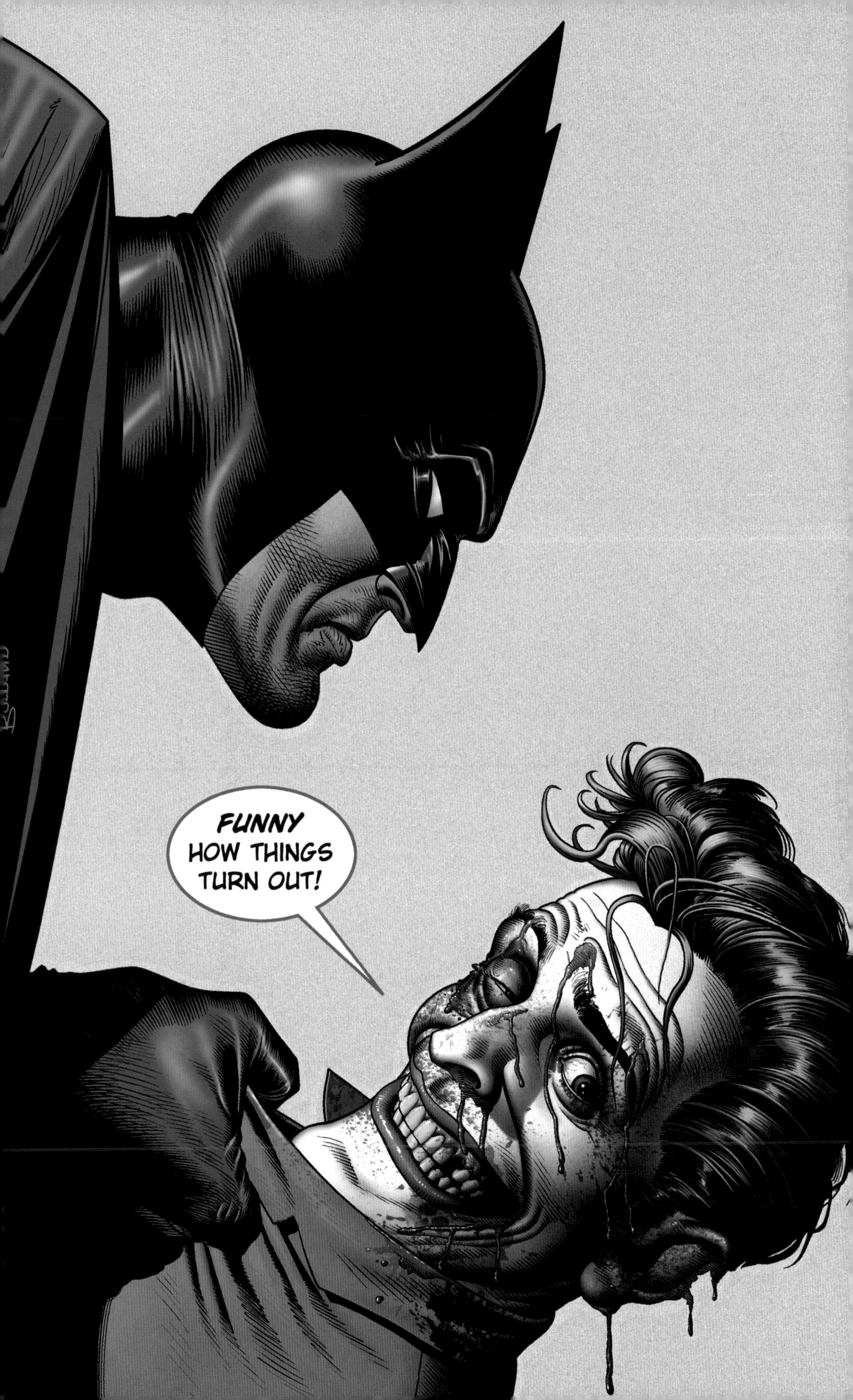
FUNNY HOW THINGS TURN OUT!

《封面故事：布萊恩・伯蘭的DC 漫畫藝術》書衣，2011

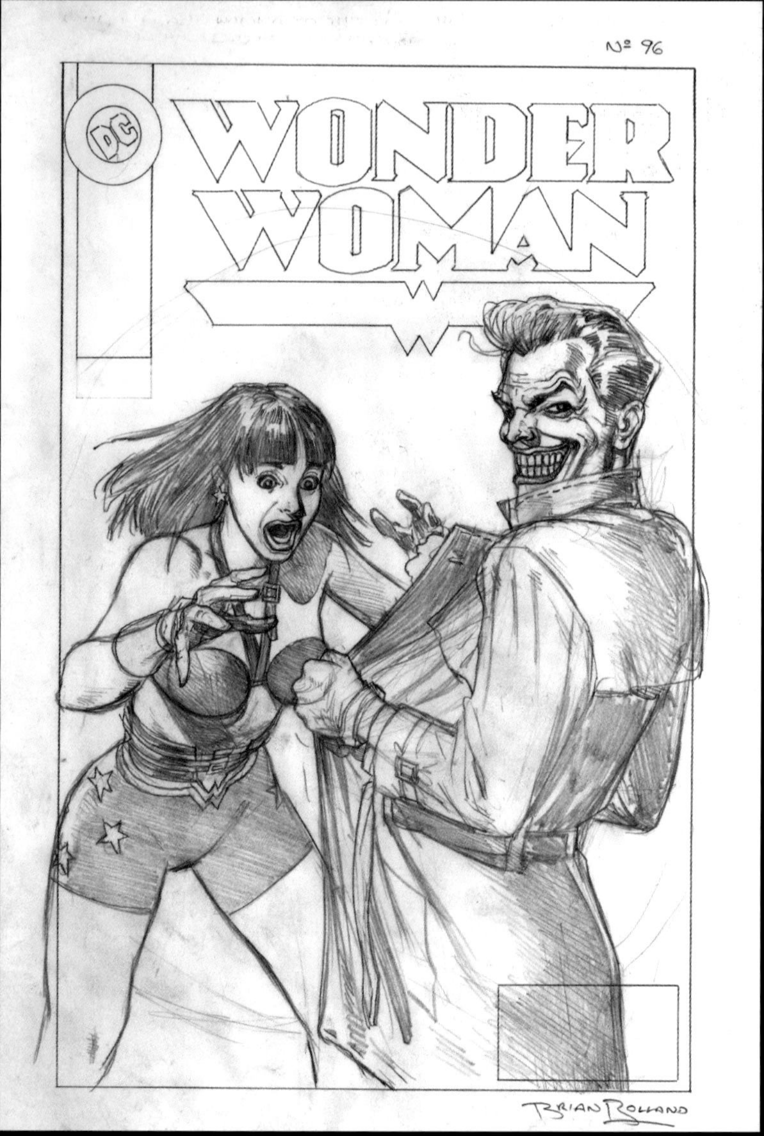

《神力女超人》#96，1995

本頁：封面最初鉛筆初稿

右頁：最終上色版

我覺得某種意義上我已經把小丑變成我自己的角色了，所以能讓他出現在神力女超人的故事裡我很高興。他出現在#96的一個場景，掀開外套，露出一件綁滿炸彈的背心。我覺得第一張草稿的玩笑最棒了，那個視角讓他看起來像是在露鳥。可是DC覺得這對他們的主流漫畫來說太下流了，所以我改畫了右邊幾張，向插畫家J.C.萊恩德克（J.C. Leyendecker）致敬。最後我們選了我最不喜歡的第四張。不過「露鳥」草稿還是很多人愛，甚至還有好幾位收藏家先後請我把那個版本畫成最終黑白稿，而且讓裡面的神力女超人穿回招牌服裝。

——布萊恩・伯蘭

DC
WONDER WOMAN
96
APR 95
$1.50 US
$2.10 CAN
70p UK
LOEBS
DEODATO
APPROVED BY THE COMICS CODE AUTHORITY
BBRiiiiiNG
TIME'S UP!
BOLLAND

《神力女超人》#41 變體封面，2015

《黑暗騎士III：大師競賽》變體封面，2016

2014墨西哥La Mole國際漫畫展主視覺

2014墨西哥La Mole國際漫畫展海報

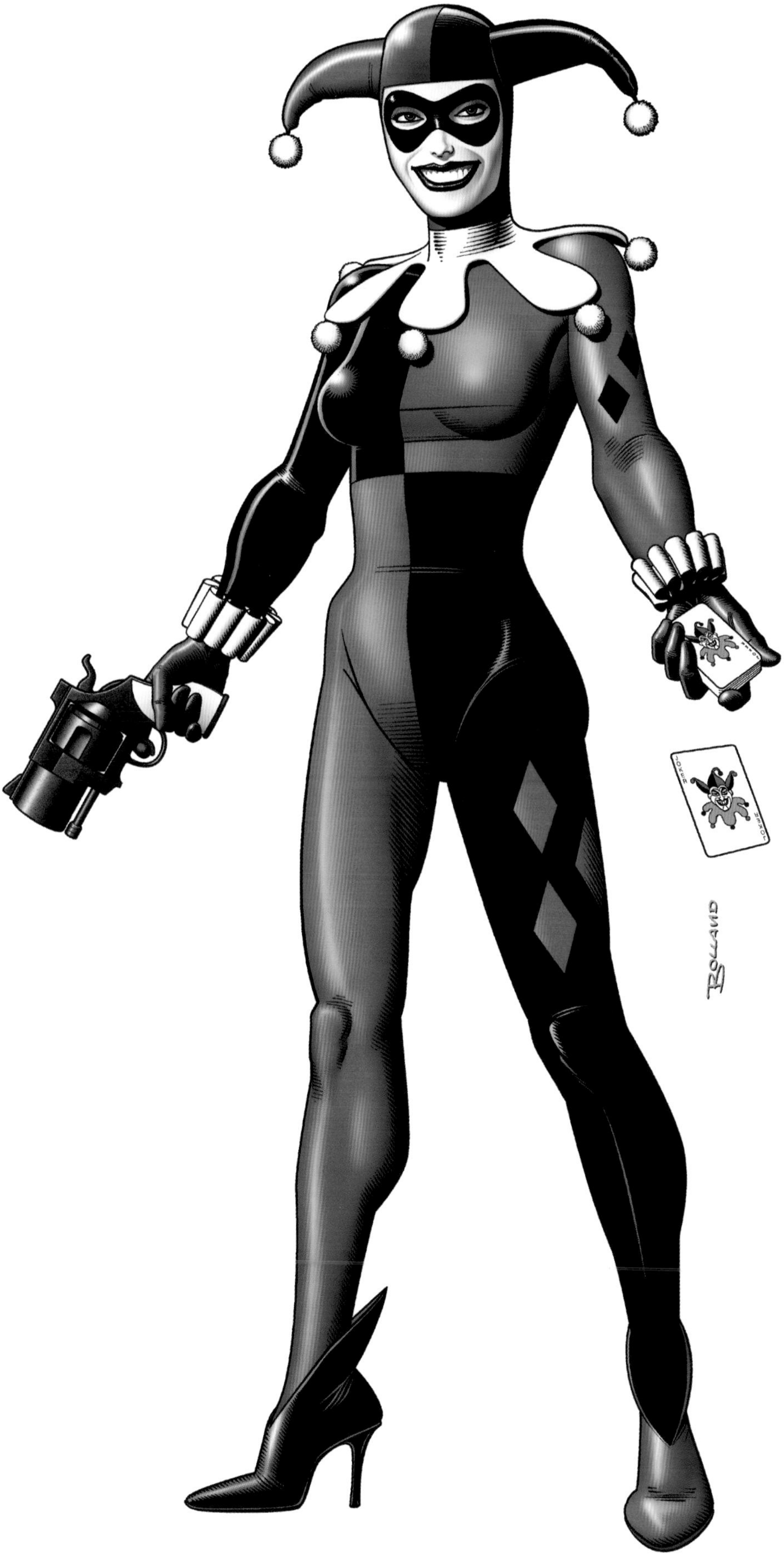

WHAT'S SO
FUNNY ?

「上面這張草稿是在巴黎畫的（看起來就像是好幾支快沒水的麥克筆接力的結果），義大利漫畫家塔尼諾·利伯瑞托（Tanino Liberatore）把它畫完，變成了法國版《致命玩笑》的封面。」

——布萊恩・伯蘭

BOLLAND

《蝙蝠俠：致命玩笑》動畫電影迷你海報，2016

《蝙蝠俠：致命玩笑》動畫電影藍光封面，2016

《偵探漫畫》#1000 變體封面，2019

BRIAN BOLLAND 布萊恩・伯蘭

布萊恩・伯蘭在一九七五年正式出道之後，就在英國漫畫雜誌《2000 AD》以乾淨的線條和嚴謹的細節成名，例如最有名的代表作《超時空戰警》。在那之後，他又畫了總數十二期的《CAMELOT 3000》，以及艾倫・摩爾在DC的圖像小說《蝙蝠俠：致命玩笑》，然後才轉而專畫封面。自此之後，他就成了業界公認最棒的封面畫家之一，《Animal Man》、《蝙蝠俠》、《閃電俠》、《THE INVISIBLES》、《神力女超人》等系列名作都因為他的優雅構圖與精緻細節而增色不少。

「這張迪克・斯普朗（Dick Sprang）的作品是某位收藏家送我的，他認識很多收藏家，也知道我是迪克・斯普朗的粉絲，所以就付錢請他畫了這張給我。迪克還附上了一封信，他顯然看過我的畫作，說我的線條簡練得很棒。」